Ursula Franke

Systemische Familienaufstellung

Eine Studie zu systemischer Verstrickung
und unterbrochener Hinbewegung
unter besonderer Berücksichtigung
von Angstpatienten

mit einem Vorwort von Willi Butollo

und einem Geleitwort von Bert Hellinger

2. Auflage

Profil

Anschrift der Autorin:
Dr. Ursula Franke
Tal 34
D-80331 München

Die Deutsche Bibliothek - CIP-Einheitsaufnahme

Franke, Ursula:
Systemische Familienaufstellung : eine Studie zu systemischer Verstrickung und unterbrochener Hinbewegung unter besonderer Berücksichtigung von Angstpatienten / Ursula Franke. Mit einem Vorw. von Willi Butollo und einem Geleitw. von Bert Hellinger. - 2. Aufl. - München ; Wien : Profil, 1997
  (Reihe systemische Therapie ; Bd. 1)
  Zugl.: München, Univ., Diss., 1996
  ISBN 3-89019-413-3
NE: GT

© 1997 Profil Verlag GmbH München Wien
Druck nach Typoscript
Druck und Bindung: Libri-Druck, Regensburg
Printed in Germany
ISBN 3-89019-413-3

Dieses Werk ist urheberrechtlich geschützt. Jede Verwertung außerhalb der engen Grenzen des Urheberrechtsgesetzes ist ohne Zustimmung des Verlages unzulässig und strafbar. Dies gilt insbesondere für Vervielfältigungen, Übersetzungen, Mikroverfilmungen und die Einspeicherung und Verarbeitung in elektronischen Systemen.

Für meinen Vater

Es ist nie zu spät, eine glückliche Kindheit zu haben.

Milton Erickson

Vorwort

Angst ist ein innerer Zustand, der Lebewesen dazu motiviert, defensiv mit belastenden Situationen umzugehen. Angststörungen entwickeln sich, wenn dieser defensive Bewältigungsstil chronisch und übergeneralisiert zum Einsatz kommt, d.h. in keinem begründbaren Verhältnis zu Art und Ausmaß der Bedrohung steht. Im Rahmen der Psychotherapien werden Angststörungen in der Regel als Folge intensiver und/oder häufiger schmerzhafter Erfahrungen in der individuellen Entwicklungsgeschichte verstanden. Neuere Untersuchungen weisen jedoch darauf hin, daß Angststörungen nicht allein aus dem klassischen neurotischen Formenkreis erklärt werden können, sondern daß sie auch Züge aufweisen, die dem Problembereich der Persönlichkeitsstörungen zuzuordnen sind.

Hellinger (1995) formulierte die Hypothese, wonach schwere psychische Störungen als Folge (unbewußter) transgenerationaler systemischer Übernahmen und zwar aufgrund unbewußter Identifikationen auftreten. Es stellt sich nun die Frage, ob bei Angststörungen, die allgemein als nicht so gravierende psychische Störungen mit eher biographischen Ursachen gesehen werden, ebenfalls Hinweise für solche Prozesse zu finden sind.

Die Arbeit von Ursula Franke ist nun der erste Versuch, eine systemische empirische Antwort auf die Frage zu geben, ob und wenn ja, in welchem Anteil, Angststörungen auf aversive biographische Erfahrungen der betroffenen Patienten zurückzuführen sind. Oder ob sich Befunde identifizieren lassen, die auf sogenannte systemische Übernahme zurückzuführen sind, also die transgenerationale Ursachentheorie stützen.

Dazu hat sie die Methode der Familienaufstellung in einer originellen Weise modifiziert, um nicht nur vorhandene Beziehungsstrukturen sichtbar zu machen, sondern die Patienten auch versuchsweise in die Rolle der einzelnen Angehörigen schlüpfen zu lassen. So versucht Ursula Franke, die aufgrund hermeneutischer Methode gewonnenen Hypothesen über Ursache und Beeinflußbarkeit verschiedener psychischer Störungen empirisch zu prüfen.

Denn die therapeutisches Handeln in der Praxis steuernden Überzeugungen bedürfen der systematischen Überprüfung, so plausibel sie auch an Hand konkreter Einzelfälle sein mögen. Erst dann dürfen diese Überzeugungen als allgemein gültige Gesetzmäßigkeiten be- und gehandelt werden.

Der Umstand, daß jede auf allgemeine Gesetzmäßigkeiten zielende Forschung relativ zur Vielfalt des Einzelfalles mit Informationseinbußen einhergeht, darf hier nicht als Gegenargument genannt werden. Zu häufig werden am Einzelfall deskriptiv gewonnene Beobachtungen in der Kommunikation über Therapie und therapeutische Entscheidungen implizit doch in den Rang allgemein gültiger Aussagen gehoben. Diese Ungenauigkeit im Umgang mit hermeneutischen Beschreibungen ist einer der Hauptgründe für manchmal sektiererisch anmutende Schulenbildung im Bereich der Psychotherapie. Die Öffentlichkeit hat einen berechtigten Anspruch darauf, daß der Prozeß der Verallgemeinerung transparent, d.h. wissenschaftlicher Forschung zugänglich gemacht wird. Die Arbeit von Frau Ursula Franke stellt einen ersten Schritt in diese Richtung dar.

München, Mai 1996   Prof. Dr. Willi Butollo

Liebe Ursula

daß schon nach so kurzer Zeit die zweite Auflage Deines Buches erscheint, zeigt, welch weites Interesse das Familien-Stellen inzwischen findet und wie fundiert und hilfreich Du es beschreibst und vermittelst. Ich gratuliere Dir dazu.

Die Einsicht, daß sich Beziehungen nach verborgenen Ordnungen richten, die über das achtsame Hinschauen und das behutsame räumliche Stellen der beteiligten Personen ans Licht gebracht werden können, eröffnet neue Möglichkeiten, die Hintergründe von Konflikten zu erfassen und auf eine für alle Beteiligten befreiende Weise zu lösen. Dabei zeigt sich, daß dieses Wissen über den Bereich der Familie hinaus wirksam zur Konfliktlösung verwendet werden kann, z.B. in Organisationen.
Da dieses Wissen weniger auf Forschung als auf wachem Schauen auf größere Zusammenhänge beruht, mag es schwierig erscheinen, sie auch wissenschaftlich zu begründen und darzustellen. Denn wesentliches Wissen gründet in der Philosophie, der Liebe zur Weisheit, die auf mehr als nur das Vordergründige schaut. Sie will wissen, was dem Leben im tieferen Sinne dient. Während die Wissenschaft das Wiederholbare erforscht, weiß die Weisheit um das Unbegrenzte, das sich im Bleibenden wandelt. Daher auch das Unwägbare und immer wieder Neue, dem sie sich öffnet. Doch die Wissenschaft bewahrt die Philosophie vor dem Spekulieren, und die Philosophie bewahrt die Wissenschaft vor Enge. Ich meine, Du bist beidem gerecht geworden.

Ich wünsche Dir und dem Buch weiterhin helfendes Wirken in die Weite und Tiefe, und ich grüße Dich herzlich

Bert Hellinger

Inhalt

Vorwort		15

Theoretischer Teil   17

1.	Einleitung	19
2.	Tendenzen der Entwicklung der Psychotherapie	23
3.	Praxis der Aufstellung	26
3.1.	Anwendungsbereiche	26
3.2.	System	26
3.3.	Skulptur - Rekonstruktion - Aufstellung	27
3.4.	Beschreibung einer Aufstellung	29
3.5.	Idealaufstellung und Lösungsbild	32
3.6.	Einzelaufstellung	34
3.7.	Befinden der Darsteller	37
3.8.	Exkurs: „Fremde" Wahrnehmungen der Rollenspieler während der Aufstellung	38
3.9.	Analoge und digitale Vermittlung von Informationen	41
3.10.	Hypothesen zur Wirkungsweise	44
4.	Jakob L. Moreno und das Psychodrama	46
4.1.	Biographisches	47
4.2.	Darstellung des theoretischen Hintergrundes	48
4.2.1.	Soziometrie und Soziodrama	49
4.2.2.	Psychodrama	50
4.3.	Therapeutisches Vorgehen	53
5.	Virginia Satir, die Familienrekonstruktion und die Familienskulptur	57
5.1.	Biographisches	57
5.2.	Familienrekonstruktion und Skulptur	58
5.2.1.	Familienrekonstruktion	58
5.2.2.	Familienskulptur	59

6.	**Ivan Boszormenyi-Nagy und die kontextuelle Therapie**	**63**
6.1.	Biographisches	65
6.2.	Therapiekonzept	67
6.2.1.	Loyalität	69
6.2.2.	Geben und Nehmen (*give and take*)	70
6.2.3.	Selbstvalidierung (*self-validation*)	73
6.2.4.	Anspruchsberechtigung (*entitlement*)	74
6.2.5.	Negative Anspruchsberechtigung (*destructive entitlement*)	75
6.3.	Kontextuelle Therapie	78
6.4.	Umsetzung in die Praxis	80
6.5.	Anforderungen an den Therapeuten	83
7.	**Bert Hellinger und die Methode der Familienaufstellung**	**85**
7.1.	Biographisches	87
7.2.	Darstellung des hypothetischen Arbeitsmodells und seiner Implikationen	90
7.2.1.	Bindung und Beziehung	90
7.2.2.	Ordnung	91
7.2.3.	Systemische Verstrickung	92
7.2.3.1.	Identifizierung	94
7.2.3.2.	Nachfolge	96
7.2.3.3.	Übernahme	96
7.2.4.	Unterbrochene Hinbewegung	97
7.2.5.	Angst	98
7.2.6.	Gefühle	100
7.3.	Umsetzung in die Praxis	103
7.3.1.	Interventionen und Lösungen	103

Praktischer Teil 107

1.	**Einleitung**	**108**
2.	**Fragestellung**	**110**
3.	**Forschungsdesign**	**111**
3.1.	Überblick	111
3.2.	Methoden	112
3.2.1.	Qualitative Forschung	112
3.3.	Ablauf einer Sitzung	115
3.3.1.	Darlegung des Ablaufs zur Orientierung des Klienten	115

3.3.2.	Explorierendes Gespräch	115
3.3.3.	Körperliche Entspannung und Evozierung der zum System gehörigen Personen	116
3.3.4.	Kennzeichnen der Blätter	116
3.3.5.	Einzelaufstellung	117
3.3.5.1.	Aufstellung	117
3.3.5.2.	Idealaufstellung	117
3.3.5.3.	Interventionen	118
3.3.5.4.	Lösungsbild oder Endbild	118
3.4.	Auswertung	119
3.4.1.	Struktur der Auswertung	119
3.4.1.1.	Hinweise auf eine systemische Verstrickung im explorierenden Gespräch	119
3.4.1.2.	Erste Annahmen	119
3.4.1.3.	Aufstellung	120
3.4.1.4.	Weitere Hinweise im ersten Bild der Aufstellung	120
3.4.1.5.	Weitere Annahmen	120
3.4.1.6.	Zielrichtung	120
3.4.1.7.	Lösungssuche	121
3.4.1.8.	Diskussion	121
3.4.1.9.	Vergleichsdaten anderer Quellen aus Erhebungen im Rahmen des Projektes	121
3.5.	Definition der Kriterien	122
3.5.1.	Systemische Verstrickung	122
3.5.1.1.	Hinweise auf eine mögliche systemische Verstrickung im explorierenden Gespräch	122
3.5.1.2.	Hinweise auf eine systemische Verstrickung in der Aufstellung	124
3.5.2.	Unterbrochene Hinbewegung	124
3.5.2.1.	Hinweise auf eine unterbrochene Hinbewegung im explorierenden Gespräch	125
3.5.2.2.	Hinweise auf eine mögliche unterbrochene Hinbewegung in der Aufstellung	125
4.	Ergebnisse aus den Einzelaufstellungen	127
5.	Diskussion	161
6.	Ausblick und weitere Forschungsanliegen	169
Literatur		171

> Über das Unsichtbare wie über das Irdische
> haben Gewißheit die Götter,
> uns aber als Menschen
> ist nur das Erschließen gestattet.
>
> Alkmaion[1]

Vorwort

Die Aufstellungen von Bert Hellinger haben in den letzten Jahren in therapeutischen Kreisen große Aufmerksamkeit erfahren. Seine Art, durch Familienaufstellungen die Ordnung im System (wieder-)herzustellen, löst erhebliche Resonanz bei Therapeuten und Klienten aus, die voller Emotionen und Überzeugung dafür oder dagegen argumentieren. Seit meiner ersten Begegnung mit der Methode von Aufstellungen bin ich beeindruckt von der Klarheit der Unterscheidungen und der Wirkung, die sich in meinem persönlichen Leben entfaltet hat und die ich bei meinen Klientinnen und Klienten in der Praxis mitverfolgen kann.

Mein Doktorvater, Professor Willi Butollo, band diese Arbeit in sein Projekt „Gestalttherapie mit Angstpatienten" ein. Bei der Gestaltung der Studie ließ er mir völlig freie Hand, was für mich ein großer Vertrauensbeweis und zugleich eine gewaltige Herausforderung bedeutete. Da ein theoretisches Grundmodell für die Methode der Aufstellung nur indirekt zur Verfügung steht, war mir wichtig, die Ursprünge der Aufstellungen und die Verbindungen zu anderen Methoden zu erkunden. Im praktischen Teil dieser Studie wird der Ablauf von Aufstellungen in der Einzeltherapie untersucht. In meiner therapeutischen Praxis arbeite ich vor allem mit Einzelklienten, die Methode der Aufstellungen ist jedoch ursprünglich für eine therapeutische Gruppe konzipiert. Für die Einzeltherapie muß daher das Vorgehen entsprechend abgewandelt werden.

Im Laufe der Zeit war im regen Austausch mit Kolleginnen (vor allem Eve Kroschel und Eva Madelung) die Art der Einzelarbeit entstanden, die ich auch für diese Studie anwendete. Sie erlaubt, aufbauend auf der Arbeit Bert Hellingers, mit einfachen Mitteln einen Einblick in das Beziehungsgefüge, in dem sich der Klient sieht. Darüber hinaus hat sich die Umsetzung der Forschungsergebnisse und Annahmen von Ivan Boszormenyi-Nagy als außerordentlich hilfreich erwiesen.

Ich danke all denen, die mich auf verschiedenste Weise unterstützt haben, diese

---

[1] In: Diels, 1957, S. 39.

Arbeit zu beginnen, durchzuführen und zu beenden. Besonders Dr. Eve Kroschel, die meinen Prozeß des Forschens und Schreibens treu begleitete und mir in langen Gesprächen immer wieder half, Zweifel zu überwinden und Klarheit zu schaffen; Dorothea Stelzer, die mir gelassen im Hintergrund Mut machte weiterzugehen, wenn ich zögerte; Prof. Matthias Varga von Kibéd, der sich und mich von Anfang an für diese Arbeit begeistert hat und immer für mich da war, wenn ein weiterer Schritt notwendig wurde; Dr. Eva Madelung, die mich mit der systemischen Therapie und der Methode der Einzelaufstellung bekannt machte; Marianne Franke-Gricksch, als unerschöpflichem Quell von Wissen über Aufstellungen und systemische Therapie; Peter Nemetschek für seine persönliche Darstellung von Virginia Satir; meinen Klientinnen und Klienten, Kolleginnen und Kollegen, die mir ihr Vertrauen schenkten und mir Einblick in ihr Leben und ihre Arbeit gewährten.[2] Eine große Hilfe war das Förderstipendium der Ludwig-Maximilians-Universität. Herrn Fuchs danke ich für seine zuvorkommende und zuverlässige technische Betreuung.

Tiefer Dank verbindet mich mit meinem Doktorvater Prof. Dr. Willi Butollo, der mich stets in allen meinen Ideen und Anliegen mit großer Geduld und Herzlichkeit unterstützt, mich unerbittlich mit seinen Wünschen und Anforderungen konfrontiert hat und mir so die Gelegenheit gab, meine eigene Arbeit zu entwickeln. Durch seine Anregungen und Diskussionen gab er mir in jedem Stadium dieser Arbeit das Gefühl, willkommen und auf dem richtigen Weg zu sein.

---

[2] Zur Vereinfachung des Lesens verwende ich die männliche Form für Personen. Gedacht ist selbstverständlich an Menschen weiblichen und männlichen Geschlechts.

Theoretischer Teil

> „... wir müssen uns daran erinnern, daß das, was wir beobachten, nicht die Natur selbst ist, sondern Natur, die unserer Art der Fragestellung ausgesetzt ist."
>
> Werner Heisenberg

1. Einleitung

Die Aufstellung von Systemen im Rahmen der Psychotherapie geht über die zentrale Annahme der Psychologie hinaus, die biographische (Fehl-)Entwicklungen als Ursachen für Störungen und Krankheiten ansieht. Diese lange Zeit gültige Annahme läßt systemische Gesichtspunkte außer acht, deren Verständnis und Anwendung in der Therapie sich allmählich Raum verschafft. Durch Aufstellungen scheint ein Zugang zu systemischen Strukturen innerhalb der Familie möglich zu sein. Die hier vorgestellte Form folgt der Arbeit von Bert Hellinger, der vor allem Familiensysteme aufstellt.[3] Seine Aufstellungen können als lösungsorientierte oder systemische Kurztherapie eingeordnet werden, da er in kurzer Zeit vom beschriebenen Problem zu einer angenommenen oder möglichen Lösung geht. Die Methode beruht in der Praxis auf den Techniken des Psychodramas von Moreno und der Familienrekonstruktion von Virginia Satir, mit denen sie auch der philosophische Hintergrund verbindet.

Moreno entwickelte aus dem Stegreiftheater das Psychodrama, eine dramatische Darstellung psychischer Inhalte auf einer realen Bühne. Diese Externalisierung und stoffliche Repräsentation von Gedanken, Wahrnehmungen und Gefühlen schafft für die äußere Wahrnehmung ein Bild, das im Laufe einer Sitzung verändert wird, und, wie man annimmt, als inneres Bild weiterwirkt. Die Familienaufstellung bedient sich dieser Wirkungen. Auch sie schafft ein „besseres", heilendes Bild, das an die Stelle des Abbildes der Problemsituation tritt, das sogenannte „Lösungsbild". Einbezogen ist ein tieferes Verständnis der eigenen Zugehörigkeit zum eigenen System, und im größeren Rahmen zu dieser Welt. Diese Ideen finden sich bereits bei Moreno, der den Rahmen des therapeutischen Kontextes

---

[3] Diese Art der Arbeit läßt sich auch auf andere Systeme, z.B. auf Organisationen, übertragen.

sehr weit zieht: „Eine therapeutische Methode, die sich nicht um diese ungeheuren kosmischen Implikationen, um das eigentliche Schicksal des Menschen kümmert, ist unvollständig und unangemessen."[4]

Die Methode, die Familienstruktur äußerlich sichtbar zu machen, wurde in ihrer ursprünglichen Form im Rahmen der Familienrekonstruktion durch Virginia Satir seit den sechziger Jahren in der Öffentlichkeit bekannt. Sie ließ nach Möglichkeit alle Familienmitglieder zusammen in die Therapie kommen. In einer Gruppe spielten die Klienten selbst oder andere Teilnehmer typische Szenen des Familienlebens. Dadurch werden Beziehungsmuster des aktuellen Zusammenlebens und ihre Auswirkungen auf die Betroffenen für alle offensichtlich[5] und können somit in die gewünschte Richtung verändert werden.

Auf der theoretischen Seite gibt Ivan Boszormenyi-Nagy Einblick in die zugrundeliegenden Strukturen systemischer Verstrickung, die er in jahrzehntelanger praxisbezogener Forschung auf generationenübergreifende Bindungen hin untersucht hat. Er fand Beziehungsmuster, die sich durch mehrere Generationen verfolgen lassen. Sie sind, wie er entdeckte, nicht offensichtlich, sondern wirken, meist ohne daß die Mitglieder der Familie sich ihrer bewußt wären. In der Praxis besteht seine Umsetzung dieser Erkenntnisse in Gesprächen der Familienmitglieder miteinander zur Klärung ihrer Beziehungen, Ansprüche und Verpflichtungen. Sein bedeutsamer Beitrag ist die genaue Erforschung und Beschreibung dieses Modells und seiner Gesetzmäßigkeiten und die stete Überprüfung in der Praxis.[6]

Bei einer Familienaufstellung nach Hellinger stellt der Klient das innere Bild seiner Familie auf. Dabei werden die Elemente seines Systems, also die Zugehörigen seiner Familie, in ihrer Beziehung zueinander symbolisch durch Teilnehmer einer Gruppe dargestellt. Der Klient stellt jede Person an den Platz, der ihm stimmend erscheint, seinem Gefühl oder seiner Intuition folgend. Die darstellenden Personen beschreiben ihre Wahrnehmungen, Gefühle und ihre Befindlichkeit. Die Rollenspieler erleben ihre Position im System in unterschiedlichem Grade als befriedigend oder unangenehm. Aufgrund der Erfahrungen in der Praxis besteht die Annahme, daß dies mit dem Befinden der realen Personen übereinstimmt. Die Darsteller erleben diese Erfahrungen als persönliche, oft körperliche Wahrnehmung, ohne das Schicksal oder die Personen selbst zu kennen, die sie repräsentieren. Aus der Konstellation und aus den Aussagen der aufgestellten Personen lassen sich Hinweise auf eine zugrundeliegende strukturelle Beziehung und Hin-

---

[4] Moreno, 1946, S. 52.
[5] Vgl. Nerin, 1989.
[6] Boszormenyi-Nagy (1965), Boszormenyi-Nagy und Spark (1973), Boszormenyi-Nagy et al. (1986).

weise für das weitere Vorgehen entnehmen. Im Laufe der Sitzung wandelt der Therapeut die Konstellation in einer Form ab, in der sich nach Möglichkeit alle Darsteller besser fühlen, und nimmt u.U. weitere Interventionen vor. Die Absicht ist, für den Klienten ein lösungsweisendes Bild anstelle des Problembildes zu schaffen.

Als ich zum ersten Mal an einer Aufstellung teilnahm, war ich fasziniert von dem Phänomen, daß über die Position im aufgestellten System Informationen zur dargestellten Personen zugänglich werden, über die nicht gesprochen worden war, und die als solche nicht „gewußt" sein konnten. Beeindruckt von der Methode besuchte ich über zwei Jahre kollegiale Gruppen, um dann selbst mit einer Kollegin experimentell mit dieser Form von Psychotherapie zu arbeiten. Damals gab es noch kaum Literatur zu diesem Thema, und die Arbeit von Hellinger war für uns nur über Kassetten und Vorträge zugänglich, da er selbst keine Gruppen mehr anbot. Die Veröffentlichungen von Boszormenyi-Nagy jedoch umfaßten den theoretischen Hintergrund. Hatte er in seinem 1973 erschienenen Buch über „Unsichtbare Bindungen" noch stark problembezogen und wertend über seine Entdeckungen geschrieben, so fand sich in „Between Give and Take" (1986) eine lösungsorientierte Darstellung der Möglichkeiten, die sich bieten, wenn innerhalb eines Systems ein Ausgleich geschaffen wird.

Sowohl Bert Hellinger als auch Ivan Boszormenyi-Nagy konnte ich in der Zwischenzeit in Seminaren erleben, und bin sehr dankbar für die Bereicherung, die ich persönlich und in meiner therapeutischen Arbeit erfahren habe. Für mich ergab sich eine fruchtbare Verbindung der Erkenntnisse von Ivan Boszormenyi-Nagy und der praktischen Umsetzung von Bert Hellinger. Die vorliegende Arbeit erlaubte mir eine kontinuierliche und mehrjährige Auseinandersetzung sowohl mit dem theoretischen als auch mit dem praktischen Bereich von Aufstellungen und den Hintergründen, und führte mich zu einem besseren Verständnis und damit einer klareren Sicht, was den Einsatz dieser Methode sowohl in einer Gruppe als auch in der Einzelarbeit betrifft.

Diese Arbeit besteht aus zwei Teilen: Der erste, theoretische Teil beschreibt die Grundzüge einer Aufstellung nach Bert Hellinger, und in welchen Zusammenhängen innerhalb der Psychotherapie Aufstellungen zu sehen sind. Er zeigt auf, welche relevanten Vorläufer es zu dieser Arbeit in der Geschichte der Therapie gibt, die ähnliches geleistet haben, welche methodischen Ansätze zusammengeflossen sind und was das besondere an Aufstellungen in dieser Form ist. Im Laufe der Materialsammlung und Sichtung der Literatur zu diesem Thema wurde deutlich, daß es viele Überschneidungen und wenig Klarheit über die Ähnlichkeiten und Unterschiede des Psychodramas von Jakob Moreno, der Familienrekonstruktion von Virginia Satir, der kontextuellen Therapie von Ivan Boszormenyi-Nagy und den Aufstellungen von Bert Hellinger gibt. Die geschichtlichen und theoretischen Hintergründe, die Therapieziele, Interventionen und die Umsetzung in die Praxis werden dargelegt. Des weiteren werde ich die Methode der Einzelaufstellung umreißen und diskutieren. Sie hat sich als praktisch für das Setting in der Einzeltherapie erwiesen, wenn keine Gruppe zur Verfügung steht oder bestimmte Aspekte systemischer Verstrickung in der Therapie genauer betrachtet werden müssen.

Der zweite Teil dokumentiert die praktische Untersuchung zum Ablauf von Aufstellungen in der Einzelarbeit. Er beinhaltet, wie Daten erhoben werden, welche Kriterien in Betracht gezogen werden, und zu welchen Ergebnissen für den Klienten die Aufstellungen führen. Dabei wird das Zusammenwirken der unterschiedlichen Inhalte der digitalen und analogen Informationsvermittlung berücksichtigt, das den therapeutischen Prozeß im Rahmen von Aufstellungen mitbestimmt. Es folgt eine Diskussion der systemischen Strukturen, die in den Aufstellungen sichtbar wurden oder sich erschließen lassen. Die Grenzen der Einzelarbeit und die Vorteile von Aufstellungen in der Gruppe werden ebenfalls diskutiert.

Diese Studie stellt einen Beitrag zur Förderung der wissenschaftlichen Arbeit über Psychotherapie im allgemeinen und Aufstellungen im speziellen dar. Um eine wissenschaftliche Fundierung dieser Technik und eine Einbindung in die wissenschaftliche Forschung zu erreichen, wurden nach dem Erstellen eines Kriterienkataloges das hypothetische Modell und seine Annahmen überprüft und diskutiert. Eine Grundbedingung war, die Interessen der Klienten zu achten, und somit einen Mittelweg zu finden zwischen einer Ethik des Forschens und dem Bestreben, zu wissenschaftlichen Ergebnissen zu kommen.

> „Bejahe deine Eltern vor dir selber, bejahe sie, wie sie sind,
> auch wenn du dir selbst ein anderes Leben suchst -
> und du wirst nichts mehr zu fürchten haben.
> Komischerweise ist das die einzige Art, von ihnen loszukommen."[7]

2. Tendenzen der Entwicklung der Psychotherapie

Seit Gregory Bateson und Don D. Jackson in den fünfziger Jahren in Palo Alto die familiären Zusammenhänge schizophrener Erkrankungen untersuchten und die Bedeutung des „Systems" für den Einzelnen offensichtlich geworden war[8], haben therapeutische Vorgehensweisen, die unter dem Begriff Familientherapie zusammengefaßt werden, größere Bedeutung gewonnen. Die Bezeichnungen „Familientherapie" und „systemische Therapie" sind trotz aller Definitionsversuche im Gebrauch nicht klar voneinander abzugrenzen. Als Familientherapie gilt die Arbeit mit der ganzen Familie, die eine oder mehrere Generationen umfassen kann. Auch Einzeltherapie fällt unter diesen Begriff, wenn der Einfluß und die wechselwirkenden Beziehungen berücksichtigt werden.[9] Allen gemeinsam ist eine systemische Sichtweise, „ein neues Paradigma, eine neue Art zu denken, psychische Probleme zu betrachten und zu behandeln."[10] So wird der Klient nicht mehr als Einzelperson, sondern als ein Teil innerhalb seines Umfeldes betrachtet. Die systemische Sicht betont, daß er in seinen Kontext eingebunden und dessen Gesetzen unterworfen ist. Seine Handlungen und sein Verhalten, seine psychischen Störun-

---

[7] Joel im Gespräch mit Helen in: Entzauberung von Nadine Gordimer, 1956, S. 169: „Sie [die Eltern] in unserem Sinne umzumodeln - das hieße eben doch, sich ihrer lebendigen Persönlichkeit zu entledigen. Nun, das bringst du einfach nicht fertig. Es wäre auch keine Lösung, einfach von ihnen fortzuziehen. Es wäre nicht einmal eine Lösung für dich, sie für den Rest deines Lebens niemals wiederzusehen. Sie sind einfach in dir - sind jene unzerstörbare Fiber, die dich schmerzen, dich aus dem Gleichgewicht bringen wird, in welche Richtung du auch davonläufst: wenn du sie nicht bejahst. Bejahe deine Eltern vor dir selber, bejahe sie, wie sie sind, auch wenn du dir selbst ein anderes Leben suchst - und du wirst nichts mehr zu fürchten haben. Komischerweise ist das die einzige Art, von ihnen loszukommen."
[8] Marc und Picard, 1984.
[9] Vgl. Weiss und Haertel-Weiss, 1991.
[10] Massing, Reich und Sperling, 1994, S. 42.

gen und auch die psychosomatischen Erkrankungen werden nicht mehr allein in seiner Biographie begründet, sondern als Ergebnis eines ständigen Austausches zwischen Individuum und System.[11]

Für die therapeutische Arbeit bedeutet dies eine mögliche Änderung des Individuums durch Veränderung im System und Änderung des umgebenden Systems durch die Veränderung des Einzelnen. „Man kann die Familientherapie nicht einfach eine neue Behandlungsmethode nennen; sie zeigt uns vielmehr Ursache und Behandlung psychiatrischer Probleme in neuer Sicht. Es kennzeichnet die Familientherapeuten in erster Linie, daß sie von einer gemeinsamen Grundannahme ausgehen. Soll sich das Individuum ändern, muß sich das Umfeld, in dem es sich bewegt, ändern. Die Behandlungseinheit ist nicht mehr die Einzelperson, auch wenn nur ein Individuum interviewt wird, sondern das Beziehungsnetz, in das dieses Individuum eingebettet ist."[12]

Die systemische Betrachtungsweise und die darauf beruhende therapeutische Vorgehensweise haben für die Klienten tiefgreifende Konsequenzen. Denn als Teil eines umfassenden Systems, dessen Elemente in ständigem Austausch stehen, hat jedes dieser Elemente wiederum Einfluß auf das Ganze. Das bedeutet für den Klienten, daß er als einer gesehen wird, der Verantwortung trägt, Einfluß nehmen und seine Umwelt mitgestalten kann. Er selbst kann sich als Ausgangspunkt von Veränderung verstehen. Denn wenn ein Element im System verändert wird oder sich ändert, kommt eine Veränderung im gesamten System in Gang, die alle anderen Elemente mitbetrifft. Das ständige Zusammenspiel, die Vernetzung und Einflußnahme eines jeden mit jedem der anderen, erlaubt keine einseitige Schuldzuweisung mehr, sondern zeigt auf eine gemeinsame Entwicklung. Für den Klienten ist es oft sehr erleichternd, als Individuum nicht isoliert für sich die Verantwortung für Situationen und eigene Verhaltensweisen tragen zu müssen, die er sich nicht erklären kann, da er sich ihnen ausgeliefert fühlt. Möglicherweise sind diese Erfahrungen und Verhaltensweisen erst aus dem Zusammenwirken aller im System verstehbar.

Bleiben auch die Grundannahmen gleich, so kann das Setting variieren. Das systemische Denken wird angewandt in der Einzeltherapie, Gruppentherapie und Familientherapie, in der systemischen Beratung von Organisationen und Betrieben oder Schulen. Die Lösung von Konflikten mit Blick auf die aktuelle Familie kann im Vordergrund stehen, ebenso ein Therapiemodell, das mehrere Genera-

---

[11] Diese Entwicklung der Psychologie entspricht in Wissenschaft und Technik der ökologischen Denkweise.
[12] Haley, zit. in Stierlin, 1975.

tionen miteinbezieht. Dabei können die wirklichen Personen, also Eltern, Kinder und auch die Großeltern in die Sitzung kommen, oder ihre Interessen und ihre Existenz werden in der Therapie mitberücksichtigt, unabhängig davon, ob diese Personen wirklich anwesend oder noch am Leben sind.

Grundannahmen des Vorgehens besagen, daß sich Störungen und Konflikte der jeweiligen Kindergeneration in der Regel aus unbewußten Konflikten zwischen Eltern und Großeltern beziehungsweise den Partnern und ihren Eltern erklären lassen. Auch spielen sich innerhalb von Familien immer wieder dieselben Konflikte ab, was als „intrafamiliärer Wiederholungszwang"[13] zu bewerten ist. Dieser soll aufgelöst werden, indem die dysfunktionalen Redundanzen der Familieninteraktion am historischen Entstehungsort bearbeitet werden, nämlich bei Ereignissen oder Handlungen innerhalb des Systems in der Vergangenheit. Ziel dabei ist nicht allein eine Rückdelegation der Probleme auf immer frühere Generationen, sondern die Versöhnung mit dem Grundkonflikt.[14] Dieser Grundkonflikt beinhaltet oft eine schicksalhafte Komponente wie Krieg, Unfall oder schwere Krankheit, unter deren Einfluß die Frage von Schuld hinfällig wird. Durch ein wachsendes Verständnis für systemische Zusammenhänge wird deutlich, daß eine Schuldzuweisung an eine oder mehrere Personen nicht möglich ist. Das erleichtert im allgemeinen für den Klienten die Versöhnung mit der eigenen Vergangenheit, die auch die anderen Mitglieder des Systems miteinschließt. Versöhnung spielt im Rahmen der systemischen Therapie eine zentrale Rolle, wenn „[...] die Erkenntnisse nicht als Last der Generationen erlebt werden [sollen], gegen die der Einzelne nichts ausrichten kann oder es als Schicksal hinzunehmen hat."[15] Diese Aussagen haben in unserer Geschichte vor allem Bedeutung für jene, die im Hitlerdeutschland politisch verstrickt waren. Ohne den Einzelnen aus seiner Verantwortung und ethischen Bindung zu entlassen, wird die Blickrichtung verschoben. „In ihrer historischen Sicht betrachtet die Mehrgenerationen-Familientherapie die Menschen mehr als Opfer der jeweiligen Umstände, als es andere therapeutische Ansätze tun. Viele Beteiligten erleben sich auch selber häufig und realistischerweise mehr als Opfer ihrer Zeit denn als selbständige, autonom handelnde Menschen."[16]

---

[13] Massing et al., 1994, S. 21.
[14] Vgl. Massing et al., 1994, S. 22.
[15] Conen, 1993, S. 84.
[16] Massing et al., 1994, S. 23.

Der Mensch ist niemals ein Individuum;
man sollte ihn besser ein einzelnes Allgemeines nennen.

Jean Paul Sartre[17]

3. Praxis der Aufstellung

3.1. Anwendungsbereiche

Aufstellungen und Skulpturen werden in verschiedensten Bereichen von Therapie und Beratung, Ausbildung, Fortbildung und Supervision eingesetzt. Es gibt keine eindeutig festgelegte Form. Ihre Variationsbreite ist groß, je nachdem für welchen Zweck und in welchem Setting sie stattfinden. Die Systemaufstellung dient in der Therapie der Diagnostik und einer Lösungssuche, innerhalb von Betrieben der Personalentwicklung. Sie findet Anwendung im Rahmen von Balint- oder Supervisionsgruppen[18] oder bei gesunden Familien als präventives Mittel, um eine drohende Krise aufzufangen.[19] Da diese Techniken auf wachsendes Interesse stoßen, wird mit der Übertragung in angrenzende Bereiche experimentiert.[20]

3.2. System

Die Charakteristika des Verhaltens komplexer Systeme wurden von Systemanalytikern (vgl. z.B. Forrester, 1972) und Denkpsychologen (vgl. z.B. Dörner et al., 1983) herausgearbeitet. Demnach ist die Vernetzung komplexer Systeme nichtlinear, weshalb ihr Verhalten „kontraintuitiv" sei. Ursachen und Wirkungen seien nicht eng miteinander verknüpft, sondern räumlich und zeitlich, sachlich und operativ variabel und verwickelt verbunden. Komplexe Systeme seien schwer zu ver-

---

[17] Jean Paul Sartre in seiner Biographie über Gustave Flaubert: Der Idiot der Familie. 1977, Vorwort.
[18] Vgl. Hellinger, 1994, S. 320.
[19] Papp, Silverstein und Carter, 1973.
[20] Z.B. arbeiten Varga von Kibéd und Sparrer experimentell an Systemaufstellungen zu Bereichen wie Abteilungen in Firmen (vgl. Hellinger, 1994); Körperaufstellung zur Diagnose in Zusammenarbeit mit Heilpraktiker und/oder Akupunkteur; Entscheidungsaufstellung; politische Aufstellungen (vgl. Moreno, 1959).

ändern und Interventionen blieben häufig wirkungslos, da die Systeme auf die Veränderung vieler Systemparameter kaum reagierten. Selbst wenn diese Parameter genau bestimmt und gemessen werden könnten, so habe eine Veränderung nur geringe Wirkung. Auf wenige einzelne Parameter und Strukturveränderungen jedoch reagierten komplexe Systeme zuverlässig und präzise. Durch eine genaue Untersuchung der Systemdynamik ließen sich diese Stellen finden.[21] Die Zielvorstellung von Duhl et al. (1973), die Komplexität eines Systems in ebenso komplexer, analoger, also nicht-sprachlicher Form darzustellen, erscheint daher angemessen, da die bisherigen sprachlich ausgerichteten Konzepte und Methoden sich als unzulänglich erwiesen haben. Die Aufstellungen nach Hellinger scheinen eine Möglichkeit zu bieten, innerhalb dieser geforderten Untersuchungen der Systemdynamik auf zentrale Parameter hinzuführen, die eine Veränderung des Systems ermöglichen.

Demgegenüber arbeitet die Skulptur auf der Ebene der transaktionalen Beziehungsänderung der Familienmitglieder miteinander. Veränderung kann geschehen, wenn der Klient die Funktionsweisen und Zusammenhänge seines Systems versteht. „We believe that the individual can change only if he can transcend the system which is his context, and he cannot transcend it until he knows how it works."[22]

3.3. Skulptur - Rekonstruktion - Aufstellung

Die Bezeichnungen „Skulptur", „Rekonstruktion" und „Aufstellung" werden häufig synonym verwendet. Gemeint ist die Methode, bei der Personen als Repräsentanten von Elementen eines Systems im Raum aufgestellt werden. Durch diese Darstellung kann der Beobachter oder Therapeut Informationen über dieses System gewinnen, die sprachlich in ihrer Komplexität kaum zu vermitteln wären. Abhängig vom theoretischen Modell des Therapeuten handelt es sich bei diesen Informationen um die Qualität der Beziehungen oder um strukturelle Eigenschaften des Systems. Wie im Psychodrama lassen sich durch Skulpturen Situationen in verschiedenen Zeiten wiedergeben, der Gegenwart, der Vergangenheit und einer möglichen Zukunft. Skulpturen bieten die Möglichkeit, Szenen und Beziehungsmuster sowohl der eigenen Herkunftsfamilie als auch des aktuellen Bezugs-

---

[21] Vgl. Willke, 1988.
[22] Papp, 1976, S. 465f.

systems neu zu konstellieren.[23] Der Einsatz ist vielseitig. So kann der Klient in der Einzeltherapie, in einer therapeutischen Gruppe oder, wie Moreno sein Psychodrama präsentierte, vor zahlreichem Publikum sein Familiensystem und seine Entwicklungswünsche darstellen. Seine reale Familie oder Darsteller können die Rollen übernehmen. Er kann reale Szenen wiedergeben oder Phantasien, eine mögliche Zukunft und verschiedene Lösungsmöglichkeiten durchspielen.

Die Skulptur oder Familienskulptur wurde aus dem systemischen Denken heraus von den Mitarbeitern eines der ersten familientherapeutischen Institute, des Ackermann-Instituts in New York entwickelt, nämlich von Duhl, Kantor und Duhl[24], um eine umfassende Darstellung der komplexen Beziehungen innerhalb einer Familie im Rahmen einer Therapie wiedergeben zu können.[25] Verbreitung fand die Skulpturarbeit vor allem durch Virginia Satir (1972). Später wurde diese Technik auch auf die Darstellung anderer Systeme übertragen. Die Familienskulptur basiert auf dem Psychodrama und ist eine diagnostische und therapeutische Methode, durch die familiäre Beziehungsmuster, vor allem Nähe und Distanz der Familienmitglieder, familiäre Hierarchien und nonverbales Ausdrucksverhalten, räumlich-bildlich dargestellt werden.[26]

Wer die Familienskulptur letztendlich „erfunden" hat, ist aus der Literatur nicht eindeutig zu klären. Papp beschreibt die Familienskulptur als das Resultat eines Versuchs von Kantor, „[...] to translate system theory into physical form through spatial arrangements."[27] Bereits 1950 hatte er unter dem Einfluß des Psychodramas begonnen, die Bedeutung des Raums in menschlichen Beziehungen zu erforschen, um so den Raum als Metapher innerhalb menschlicher Beziehungen zu verstehen. Die Bezeichnung „Skulptur" umschreibe einen statischen Zustand, was nach Papp nicht ganz zutreffend sei. Die Bezeichnung „Choreographie" beschreibe das Vorgehen präziser, da die Wiedergabe von emotionalen Beziehungen immer in Form einer Bewegung geschehen müsse. Andererseits stammt von Virginia Satir das „Posturing", das „Stellen" der von ihr unterschiedenen Kommunikationsmuster, das sie später ebenfalls Familienskulptur nannte.[28]

Virginia Satir arbeitete nach Möglichkeit mit der ganzen Familie. Sie verwendete Familienskulpturen, um Beziehungs- und Verhaltensmuster innerhalb der Familie

---

[23] Vgl. Ritscher, 1988, S. 71.
[24] 1973, vgl. Simon und Stierlin, 1984.
[25] Die Urheberschaft ist nicht eindeutig, da Papp (1976, S. 465) Kantor als „Erfinder" nennt, während Virginia Satir von Skulptur als ihrer Entwicklung sprach (Varga von Kibéd, pers. Mitteilung).
[26] Vgl. Simon und Stierlin, 1984, S. 100.
[27] Papp, 1976, S. 465.
[28] Vgl. Duhl, 1992, S. 125.

zu demonstrieren. Dazu ließ sie die einzelnen Mitglieder körperliche Haltungen einnehmen, die der Beziehungsstruktur entsprachen und durch Mimik und Gestik verdeutlichen. Durch Wiederholungen der Gesten wurden die Verhaltensmuster überzeichnet und somit zum Teil ad absurdum geführt. Damit war der Weg geebnet für alternative transaktionale Muster, die den Bedürfnissen der Familie und den einzelnen angemessen waren.

„Rekonstruktion" wird manchmal im Sinne von „Skulptur" oder „Aufstellung" verwendet, doch geht sie in ihrer eigentlichen Bedeutung darüber hinaus. Skulpturarbeit ist ein Teil der Familienrekonstruktion, die zusätzlich ein „Genogramm", also einen Stammbaum, und eine intensive Auseinandersetzung mit der Geschichte der Herkunftsfamilie umfaßt. (s. Kapitel zu Virginia Satir, S. 57)

„Aufstellung" ist die geläufige Bezeichnung für die Arbeit von Hellinger, die er selbst „Familienstellen" nennt. Er untersucht damit nicht die Interaktionen zwischen den Familienmitgliedern, sondern die Strukturen des generationellen Zusammenhalts und die damit verbundenen systemischen Verstrickungen. Die Rollen übernehmen dabei nicht die wirklichen Familienmitglieder, sondern Personen aus der Gruppe stellen diese dar. Innerhalb der Aufstellungen überprüft der Therapeut mit Hilfe des direkten Feedbacks der Darsteller über ihr Befinden in der Rolle und Position schrittweise seine Hypothesen und entwickelt durch eine Ordnung, die er im System herstellt, ein Lösungsbild. Im Rahmen einer Aufstellung nach Hellinger sagt die Messung der Abstände oder Winkel wenig aus und hat somit einen geringen Bedeutungsgehalt. Die Struktur, die der Familie zugrundeliegt, ist demnach in keiner Weise linear übertragbar, sondern kann nur mit Hilfe eines hypothetischen Modells erschlossen werden.

3.4. Beschreibung einer Aufstellung

Die Aufstellung ist als gruppentherapeutisches Vorgehen konzipiert. Der Therapeut führt zu Beginn ein kurzes Vorgespräch, in dem er die wichtigen Personen und relevanten Fakten aus der Familiengeschichte ermittelt. Der Klient wählt daraufhin aus der Gruppe, die sich aus anderen Klienten zusammensetzt, für seine Familienmitglieder und auch für sich selbst Personen aus, die diese Rolle übernehmen. Er stellt sie frei im Raum auf, indem er jeden einzeln zu „seinem" Platz führt. Diesen Platz bestimmt der Klient seiner Intuition folgend.

Die Darsteller beschreiben nacheinander ihr Befinden, ihre körperliche Wahrnehmung und ihre Beziehungen innerhalb der Familie. Häufig fühlt sich einer oder mehrere an seinem Platz nicht wohl. Den Aussagen der Darsteller und seiner Vorstellung einer Ordnung folgend verändert der Therapeut die Position der Rollenspieler, so daß am Ende jeder an einem Platz zu stehen kommt, wo es ihm besser oder gut geht. Dazu sind oft Handlungen oder klärende Aussagen der Rollenspieler untereinander und auch des Klienten zu den anderen notwendig. Er selbst handelt, sobald er zum Abschluß der Sitzung seinen Repräsentanten an seinem neu gefundenen Platz ablöst. Die Implikationen, die diese Interventionen verständlich machen, Abweichungen von dieser Grundform und unterschiedliche Vorgehensweisen werden im weiteren besprochen.

Als Gruppengröße hat sich die Teilnehmerzahl von zwölf bis zwanzig Personen bewährt. Nach Möglichkeit soll die Geschlechterverteilung gleich sein, was sich in der Praxis jedoch kaum erfüllt. Diese Bedingungen gewährleisten, daß für alle Personen, die gespielt werden sollen, eine ausreichende Zahl von Kandidaten zur Auswahl steht. Doch ist dies nicht unabdingbar, denn, wie Hellinger sagt, „jeder ist dienlich"[29] für jede Rolle.[30]

Der eigentlichen Aufstellung geht ein kurzes Gespräch voraus. Der Therapeut holt Informationen über die Personen ein, die zum Familiensystem des Klienten gehören, da sie zum Zustandekommen dieser Konstellation beigetragen haben. Das sind die Eltern, Geschwister, frühere Partner, Verlobte oder Ehepartner der Eltern, gestorbene Mitglieder der Familie, vor allem Kinder. Besonderes Augenmerk wird gerichtet auf die Personen, die aus dem System ausgeschlossen, vergessen oder tabuisiert sind, oder die für andere Platz gemacht haben. Als relevante Fakten für die Aufstellung werden Geheimnisse, schwere Krankheiten oder schwerwiegende Ereignisse wie Krieg, Verstrickung in die nationalsozialistische Vergangenheit oder ein früher Tod betrachtet.

Der Therapeut trifft die Entscheidung, ob das Ursprungssystem oder Gegenwartssystem aufgestellt wird. Meist fällt die Wahl auf das Ursprungssystem, da man annimmt, daß die aktuellen Schwierigkeiten aus den Strukturen der Herkunftsfamilie resultieren. Als hilfreich hat sich erwiesen, wenn Klienten ein Anliegen haben und eine gezielte Frage stellen. Möglicherweise wird damit der Fokus der Aufmerksamkeit auf einen Bereich des Bewußtseins gerichtet, und damit auch die Lösung gefördert. Beschrieben wird auch, daß „der richtige Zeitpunkt" eine Rolle spielt, zu dem der Klient die besondere Bereitschaft mit sich bringe, eine Verände-

---

[29] Unveröffentl. Videotranskript des Seminars vom 25.-27. November 1994 in München.
[30] Im Rahmen der Lehrseminare, die Hellinger in den letzten Jahren an verschiedenen Institutionen, z.B. dem Heidelberger Institut oder der Universität München abgehalten hat, sind mehrere hundert Personen im Saal. Auf der Bühne macht er mit seinen Klienten die Aufstellung.

rung zuzulassen.[31] Der Klient benennt die seinem Familiensystem zugehörigen Personen, wählt die Darsteller aus und stellt sie auf. Der Therapeut kann sie mit dem Namen benennen und ihren Beruf bezeichnen lassen, was der besseren Evozierung der Personen und der Identifizierung der Rollenspieler dient.[32] Nach der ersten Aufstellung kann der Klient noch einmal um die Gruppe herumgehen und geringfügige Änderungen vornehmen. Danach setzt sich der Klient.

Zur Vorbereitung und Einfühlung in die Rolle vor oder bei einer Aufstellung helfen manche Therapeuten den Darstellern durch Konzentrationsübungen, Entspannung oder Meditation, sich selbst und den eigenen Körper besser wahrzunehmen. Als wirksame Technik zur Bündelung der Aufmerksamkeit und zur Fokussierung auf erwünschte Wahrnehmungen hat sich eine geführte Reise durch den Körper erwiesen, bei der die Körperteile und -bereiche durchlaufen werden, und die Aufmerksamkeit auf weitere mögliche Erlebnisqualitäten gelenkt wird. Eine solche Anweisung lautet etwa: „Spüre, wie du auf dem Boden stehst (auf dem Stuhl sitzst), spüre die Füße auf dem Boden, und gehe mit deinem inneren Auge von den Fußsohlen, zu den Fußgelenken, Unterschenkeln, Oberschenkeln, zum Beckenbereich, Bauchbereich, Brustbereich, zu den Schultern, Armen, Händen, zu Hals, Kopf, Gesicht. Achte auf deine Atmung, deinen Herzschlag, Körperwahrnehmungen, Gefühle, Bilder, Gedanken, Phantasien." Danach folgt die direkte Frage an die erste der Personen: „Wie geht es dir hier in diesem System, in dieser Rolle? Vater?" oder die Person, deren Befinden in der Rolle erfragt wird.

Anders als im Psychodrama oder der Familienskulptur übernehmen die darstellenden Personen keine Handlungen, sondern sind eher die beschreibenden Beobachter ihre Wahrnehmungen. So stehen sie auf dem ihnen zugewiesenen Platz und richten die Aufmerksamkeit nach innen, auf körperliches Empfinden und Emotionen. Die Augen können sie zur Unterstützung der Konzentration geschlossen halten. Der Therapeut fragt sie der Reihe nach und sie teilen ihre Wahrnehmungen mit.

In einer Rolle ergeben sich zum Teil heftige Reaktionen, starke Gefühle oder Körpersensationen. Es scheint sich um Wahrnehmungen und Gefühle zu handeln, die der Person entsprechen, in deren Rolle der Darsteller geschlüpft ist. Zum Teil wird vom Klienten bestätigt, daß Wortwahl und Tonfall, Gestik und die Lokalisation und Ausprägung von körperlicher Befindlichkeit, etwa Schmerzen, Zittern u.v.m., exakt mit der dargestellten Person übereinstimmen. Manche Rollenspieler sind weniger für eine Darstellung geeignet, gerade wenn sie zu sehr mit persönlichen

---

[31] Das Konzept vom „richtigen Zeitpunkt" findet sich in der asiatischen Philosophie.
[32] Diesen Hinweis verdanke ich meiner Kollegin Marianne Franke-Gricksch.

Konflikten oder Gefühlen beschäftigt oder aus anderen Therapieformen eine stark emotionale Ausdrucksweise gewohnt sind. Hilfreich ist dann, das Augenmerk klar auf Körpersensationen auszurichten, um zu starke kognitive Einflüsse, die zu „emotionalen Spekulationen"[33] führen können, zu vermeiden. Dasselbe gilt für die Einzeltherapie, wenn der Klient zu kognitiv vorgeht und über seine Vorstellungen, gewünschte Bilder und Beziehungsphantasien spricht. Die Körperwahrnehmungen scheinen für die Wiedergabe der angenommenen Strukturen realer und bedeutungsvoller zu sein.

Im therapeutischen Prozeß der Veränderung des Systems hin zu einem Lösungsbild nimmt der Therapeut verschiedene Interventionen vor. Das Ziel ist, eine Ordnung herzustellen, die systemischen Verstrickungen sichtbar zu machen und sie nach Möglichkeit aufzulösen. Hellinger hat für die verschiedenen Strukturen passende Interventionen entwickelt. Im dargestellten Bild wird die Ordnung durch die Rollenspieler geschaffen, indem u.a. die Generationen voneinander getrennt aufgestellt werden, alle so stehen, daß sie Blickkontakt haben können, und die zeitliche Rangfolge berücksichtigt ist. Weitere Interventionen sind, daß die Rollenspieler diese Ordnung vor den anderen benennen, Tatsachen oder auch Gefühle aussprechen und Achtung vor bisher nicht geachteten Mitgliedern des Systems aussprechen oder z.B. durch eine Verneigung zeigen. Bisher Ausgeschlossene oder Vergessene werden miteinbezogen und als Angehörige des Systems gewürdigt.[34]

3.5. Idealaufstellung und Lösungsbild

Idealaufstellung ist die Bezeichnung für eine schematische Wiedergabe der Struktur innerhalb der Familie. Die Ordnung wird idealtypisch wiedergegeben. Diese Intervention beruht auf der Annahme, daß eine Ordnung für ähnliche Systeme gültig ist. Da sich jedoch jede Familie in ihrer Konstellation von jeder anderen unterscheidet, können die Reaktionen auf diese Idealaufstellung Hinweise auf die Besonderheiten der Familienstruktur geben. Grundlegende Richtlinien der Ordnung sind eine Trennung der Generationen, eine zeitlich geordnete Geschwisterreihe den Eltern gegenüber und die Repräsentation von bisher fehlenden Personen im System, die sichtbar werden, indem sie im Blick aller aufgestellt werden.

---

[33] Eva Madelung, pers. Mitteilung.
[34] Vgl. Hellinger, 1994, 1995; Weber, 1993.

„Die Eltern sind eine Gruppe, und die Kinder sind eine Gruppe, und sie stehen genau in der Rangfolge der Ursprungsordnung. *Die Rangfolge geht immer im Kreis, im Uhrzeigersinn.*"[35] Diese Idealaufstellung stellt einen Lösungsentwurf dar, der als Vorschlag oder erster Schritt dient. Meist sind bei Klienten weitere Veränderungen oder andere Interventionen notwendig. Liegt keine systemische Verstrickung oder unterbrochene Hinbewegung vor, so kann man annehmen, daß der Klient diesen Vorschlag annehmen kann, oder von der anderen Seite betrachtet, wenn der Klient eine Idealaufstellung als angemessenes Bild betrachtet und bewertet, so kann das als Hinweis darauf gewertet werden, daß keine systemische Verstrickung vorliegt.

In der therapeutischen Praxis mit Aufstellungen hat sich gezeigt, wie wichtig ein jeder, der zum Zustandekommen der Familie als System beigetragen hat, für dieses System ist. Wird eine Person ausgeschlossen, hinterläßt sie ein für alle wahrnehmbares „Loch" oder bleibt durch die Identifizierung eines Nachkommen dem System erhalten. Toman schreibt in seiner weitangelegten Studie über „Familienkonstellationen": „Personenverluste [...] stellen bedeutsame Veränderungen in der Familienkonstellation eines Menschen dar. Sie beeinflussen die Lebenserfahrungen aller Mitglieder im Familienverband, und zwar nicht so sehr durch das Ereignis des Fortganges der Person selbst, als durch deren andauernde Absenz."[36] Wird ein Ausgeschlossener wieder miteinbezogen, so bewirkt das für alle im System eine große Erleichterung.[37]

In der Aufstellung selbst verändert die Würdigung dieser Person die Stimmung der Darsteller. Sie berichten, daß sie sich wohler und erleichtert fühlen, so als ob eine Energiewelle sie durchlaufen habe. „Das Gefühl der Vollkommenheit stellt sich ein, wenn jeder, der zu meinem System gehört, in meinem Herzen seinen Platz bekommen hat. [...] Erst aus dieser Fülle heraus ist einer frei, sich zu entwickeln. Wenn auch nur einer von denen, die zu ihm gehören, fehlt, fühlt er sich noch unvollkommen."[38]

Ist das Lösungsbild zustandegekommen, stellt sich der Klient an den Platz seines Repräsentanten. Manchmal ist es für den therapeutischen Prozeß sinnvoll, daß der Klient selbst die wichtigen, lösenden Sätze sagt und Handlungen vollzieht, manchmal nimmt er von dieser Stelle ohne weitere Intervention das neue Bild seiner Familie in sich auf. Für einige Klienten ist es schwierig, sich an ihren Platz im System zu stellen. Es ist wichtig, den Klienten in seinen Wünschen zu respektie-

---

[35] Hellinger, 1994, S. 111. Kursiv im Original.
[36] Toman, 1991, S. 45.
[37] Vgl. Schweitzer und Weber, 1982.
[38] Hellinger, 1993, S. 269.

ren. Der Therapeut kann ihn in diesem Fall einen Blick über die Schulter des Repräsentanten werfen lassen, der die Sicht dieser Position vermittelt; oder der Klient sieht von außen auf die neue Konstellation.

Häufig wird jemand für eine Rolle ausgewählt, in der eine Thematik angesprochen wird, die mit dem Leben des Rollenspielers zusammenhängt. Zur Erklärung kann die Überlegung dienen, daß jedes menschliche Problem eine Erfahrung oder Erfahrungsmöglichkeit eines jeden Menschen anspricht. Doch treffen manchmal sehr spezielle Konstellationen aufeinander, etwa eine ungewöhnliche Geschwisterreihe oder ein außergewöhnliches Schicksal. Auch wird ein Gruppenmitglied immer wieder für dieselbe Rolle ausgewählt, obwohl es wegen Aussehen oder Alter dafür nicht sonderlich prädestiniert scheint.

Auf welchen Vorgängen dieses Phänomen beruht, ist unklar und wohl auch mit dem Wissen und den Forschungsmöglichkeiten, die uns heute zur Verfügung stehen, nicht zu ergründen. Für die therapeutische Wirksamkeit im Rahmen der Gruppentherapie ist jedoch von Bedeutung, daß sowohl das Zuschauen wie das Spielen einer Rolle in den Beobachtern und Darstellern eigene therapeutische Prozesse in Gang bringt. Moreno berichtet von diesem Phänomen als „Zuschauer- und Gruppenkatharsis", wobei er erlebe „[...] daß Personen, die Zeugen einer psychodramatischen Aufführung sind, oft sehr verstört werden. Manchmal verlassen sie jedoch das Theater sehr erleichtert, fast als wenn es ihre eigenen Probleme gewesen wären, die auf der Bühne gerade durchgearbeitet wurden."[39]

3.6. Einzelaufstellung

Seitdem die systemische Perspektive in der Therapie Verbreitung fand, versuchen Therapeuten und Forscher, diese Denkweise auch in der Einzeltherapie umzusetzen. Bereits in den 60er Jahren begann Murray Bowen explizit Familientherapie mit einer Person, um das Individuum zu unterstützen, sich im Kontext seines Familiensystems zu verändern.[40] Die Vorteile des systemischen Denkens und seine Konsequenzen sollten auch dann genutzt werden, wenn nicht die gesamte Familie sich einfindet, da sie nicht will oder nicht kann. Virginia Satir nahm als Ersatz für nicht anwesende Familienmitglieder Stühle oder andere Gegenstände.[41]

---

[39] Moreno, 1940b, S. 98.
[40] Vgl. Carter, 1976, S. 193f.
[41] Eine real nicht vorhandene Person, die auf einem Stuhl als fiktives Gegenüber in Erscheinung tritt, findet sich in ähnlicher Weise im Gestaltdialog, wo der Klient sich eine Person vorstellt und mit ihr spricht, um dann deren Position einzunehmen, und aus dieser Rolle heraus antwortet.

Manche Autoren, etwa Weber und Simon (1987) oder Weiss und Haertel-Weiss (1991), beschreiben ein mögliches systemisches Vorgehen in der Einzeltherapie und umreißen die Indikationen für systemische Einzeltherapie und systemische Familientherapie.[42]

Die Methode der Familienskulptur oder der Aufstellungen in der Einzelarbeit findet sich in verschiedenen Ansätzen. So gibt es Techniken, Aufstellungen mit Stofftieren oder im Kleinformat mit kleinen Figuren durchzuführen, die Familienstruktur auf einem Schachbrett darzustellen oder auf einem Blatt Papier graphisch wiederzugeben. Diese Arbeiten dienen häufig als Test zur Familiendiagnostik[43], der die Bedeutung eines Symptoms im Familienzusammenhang verdeutlichen, Konflikte aufzeigen oder die Familienatmosphäre erfahrbar machen soll. Dabei gilt wie bei den Skulpturen die Grundannahme, daß sich aus den Abständen und Winkeln eine mehr oder minder genaue Repräsentation der Beziehungen ableiten läßt, daß z.B. die Nähe der Figuren als Parameter für die empfundene emotionale Nähe der Personen dienen kann.

Die hier angewandte Technik der Einzelaufstellung folgt dem Entwurf von Hellinger. Ziel ist, ebenso wie in den Aufstellungen in der Gruppe, die zugrundeliegende Struktur einer systemischen Verstrickung sichtbar zu machen, die sich einer metrischen Messung entzieht und andere Kriterien der Interpretation heranzieht.[44]

Um die Personen im Raum zu plazieren, kann der Klient beliebige Gegenstände verwenden: Blätter aus Papier, weiß oder bemalt, Kissen, verschiedenfarbige Stoffstückchen oder gar Schuhe.[45] Als sinnvoll und wirksam hat es sich erwiesen, Gegenstände zu nehmen, auf denen eine Person stehen kann. Damit kann der Klient seine körperliche Präsenz mit ins Spiel bringen und über seine eigenen körperlichen Wahrnehmungen und Gefühle Informationen sammeln. Das bedeutet einen gewichtigen Unterschied zur „Miniaturform" einer Aufstellung mit kleinen Figuren, bei der der Klient von außen zuschaut und selbst nur über Kognition und Beobachtung teilnimmt.

Um die Aufmerksamkeit auf den gewünschten Bereich zu lenken, kann zu Beginn eine Tiefenentspannung stattfinden. Sie hilft dem Klienten, sich auf das momentane Geschehen zu konzentrieren, die Wahrnehmung auf den Körper zu richten, der ja als Träger der Informationen dient, und durch vertiefte Atmung und die Ent-

---

[42] Vgl. Weiss et al., 1991, S. 74ff.
[43] Vgl. Arnold, Engelbrecht-Philipp und Joraschky, 1987.
[44] Die hier dargestellte Form greift auf Entwicklungen meiner Kolleginnen Eva Madelung und Eve Kroschel zurück, denen ich zahlreiche Anregungen verdanke.
[45] Vgl. Hellinger, 1994.

spannung eine gelöstere, offene Atmosphäre zwischen sich und dem Therapeuten zu schaffen. Danach bestimmt der Klient für jedes Familienmitglied ein Blatt, indem er es nach seinen Vorstellungen mit einem Symbol, einer Zahl oder auch dem Namen kennzeichnet oder evtl. mit einer Zeichnung gestaltet, und legt die Blätter nacheinander im Raum aus. Die Anweisung ist wiederum, innerlich gesammelt für jede Person den richtigen Platz zu suchen. Ein weißes Blatt kennzeichnet die „Metaposition", eine feste Stelle, von der aus der Klient einen Blick auf das im Laufe der Sitzung sich wandelnde Familienbild werfen kann.

Die Metaposition repräsentiert eine Stelle, in der sich der Klient auf einer Metaebene mit seinem Familiensystem auseinandersetzen kann. Sie stammt aus dem NLP, dem Neurolinguistischen Programmieren, und wird u.a. von Robert Dilts zur Reflexion verschiedener Sichtweisen im Rahmen von therapeutischer Arbeit zur eigenen Biographie vorgeschlagen. „Sie [die Metaposition] schafft Distanz zum momentanen Geschehen und ermöglicht einen besseren Überblick. [...] Dabei wird über einen bestimmten Kontext eine zweite Ebene der Wahrnehmung geschaffen, auf der das aktuelle Geschehen gezielt reflektiert werden kann."[46] Hier wird der Klient aus einer ganzheitlichen Wahrnehmung zurückgeholt in das analytische Denken. Er wird gebeten, zu beschreiben und zu beurteilen, was er sieht und im bisherigen Verlauf erfahren hat. (s. Analoge und digitale Vermittlung von Informationen, S. 41)

Der Klient tritt nun an die Stelle, an die er für sich selbst ein Blatt gelegt hat. Wie weiterhin bei den anderen Positionen, achtet er auf seine körperlichen Wahrnehmungen und die auftauchenden Gefühle. Um deutlichere und konkrete Aussagen machen zu können ist es oft hilfreich, wenn er die Augen schließt, auf den Atem achtet und einzelne physiologische Wahrnehmungen prüft, z.B. Herzschlag, Gleichgewicht usw. Der Therapeut kann ihn mit einer Anleitung dazu unterstützen. Nach Anweisung des Therapeuten wechselt er zu den verschiedenen Personen und sammelt so über die Wahrnehmungen Informationen zu jedem Familienmitglied. Danach kann er sich zu einem Kommentar über seine Erfahrungen auf die Metaposition begeben.

Im Gegensatz zur Aufstellung in der Gruppe, in der jede Person durch einen Rollenspieler repräsentiert wird, und der Klient von außerhalb die Aussagen mitverfolgt, sammelt er in der Einzelaufstellung alle Informationen selbst, durchwandert also den Kreis der Wahrnehmung von mehreren Personen. Dies stellt eine besondere Herausforderung an die Kapazität des Klienten dar. In der Gruppe läßt sich die Konstellation über mehrere Etappen verschieben und jeweils neu durch

---

[46] Rückerl, 1994, S. 61.

die Darsteller kommentieren. Dieses Mittel muß im Einzelfall sparsam eingesetzt werden, um den Klienten nicht mit Informationen zu überfrachten. Daher habe ich mich entschieden, ohne Zwischenschritte nach dem ersten Bild des Klienten zur sogenannten „Idealaufstellung" überzugehen, in der eine mögliche Ordnung des Systems dargestellt wird. Es ist ein Vorschlag eines ersten Lösungsbildes, das einen Schritt im therapeutischen Prozeß darstellt. Aus diesem Bild wiederum ergeben sich Hinweise für ein weiteres Vorgehen.

3.7. Befinden der Darsteller

Ein wichtiges Element für das mögliche Fortschreiten des therapeutischen Prozesses sind die Aussagen der Darsteller zu ihrem Befinden in der Rolle und an ihrem Platz. Innerhalb einer Aufstellung läßt sich beobachten, daß nicht nur, wie von Satir (1991) beschrieben, eine Haltung entsprechende Gefühle hervorruft, sondern auch jede Stellung im System mit spezifischen Wahrnehmungen körperlicher Art und Emotionen verbunden ist. In der Praxis hat sich gezeigt, daß Veränderungen der Position und Veränderungen der Richtung, auch in Bezug zu einem oder mehreren der anderen Rollenspieler, Veränderungen der Wahrnehmung hervorrufen.[47] Kleine Verschiebungen können dabei große Wirkungen auslösen. Die Veränderungen zeigen sich sowohl als Verbesserung als auch als Verschlechterung des Befindens. So kann ein Darsteller in der Rolle plötzlich z.B. kalte Hände oder Füße, Schweißausbrüche, heftige Schmerzen, Brechreiz oder zahlreiche andere Symptome erleben.

Die unterschiedlichen Wahrnehmungen an verschiedenen Orten bleiben jedoch konstant, wenn das umgebende System unverändert bleibt. Dreht sich z.B. eine Person und nimmt eine Verbesserung oder Verschlechterung des Befindens wahr, so tritt ihr früherer Zustand ein, wenn sie sich wieder abwendet und zur alten Position zurückkehrt. Die Differenzierung scheint sehr präzise zu sein, denn häufig ist es ein kleiner Schritt oder eine minimale Drehung, die letztendlich das Gefühl der „richtigen" Position herbeiführt. Es läßt sich beobachten, daß eine Ordnung im System und das Einbeziehen und Würdigen aller, die zum System gehören, zu einem Wohlbefinden aller Darsteller in ihrer Rolle führt.

Die Persönlichkeitsentfaltung, auf die die therapeutische Arbeit von Boszormenyi-Nagy ausgerichtet ist, hat nach seinen Aussagen eine umfassende Freiheit zur

---

[47] Vgl. Sparrer und Varga von Kibéd, 1995.

Folge.[48] Sie umfaßt u.a. das Freisein von störenden Einflüssen, zu denen psychosomatische Krankheiten und systemische Verstrickungen zu zählen sind (vgl. S. 66). Überträgt man dieses Konzept auf Aufstellungen, so führt das zur Annahme, daß Personen, die sich in einer Aufstellung wohlfühlen, frei von systemischen Verstrickungen sind und umgekehrt: Wer frei von systemischer Verstrickung ist, müßte sich in einer Aufstellung an seinem Platz wohlfühlen. Die Erfahrung aus der Praxis bestätigt diese Annahmen, ist jedoch noch nicht durch wissenschaftliche Ergebnisse untermauert.

3.8. Exkurs: „Fremde" Wahrnehmungen der Rollenspieler während der Aufstellung

Wird ein Teilnehmer der Gruppe oder eine Person aus dem Publikum in eine Rolle gewählt und an den entsprechenden Platz gestellt, so kann er ohne zu zögern Auskunft zu seiner Position und der damit zusammenhängenden Befindlichkeit geben. Dies ist für unser Verständnis verwunderlich, da die darstellenden Personen sich meist untereinander nicht kennen und keinerlei Einblick in die Familiengeschichte und Biographie der Klienten haben. Ein Rollenspieler kann jedoch zum Teil bis ins Detail Wahrnehmungen, körperliches Befinden und Gefühle wiedergeben, die den dargestellten Personen entsprechen. Die Klienten bestätigen oft auch die Übereinstimmung von Wortwahl, Tonfall, Gestik und Mimik.[49] „Man kann dabei die Erfahrung machen, daß in diesen Rückmeldungen die ganze Familiengeschichte in nuce enthalten ist."[50]

Es findet hier eine Informationsübermittlung statt, für die kein wissenschaftliches Modell passen will. Es ist jedoch z.B. im Psychodrama ein bekanntes und übliches Phänomen, daß eine Person die Gefühle der verschiedenen Rollen erlebt, wenn sie von einer Rolle in die andere wechselt.[51] Das Phänomen fremder, von anderen übernommener Wahrnehmungen ist allgemein bekannt. Vermutlich basiert jegliche menschliche Verständigung auf der Fähigkeit, sich in den anderen hineinzuversetzen und seine Gefühle zu teilen. Jedoch erst die Psychotherapie hat begonnen, diese Fähigkeit bewußt zu nutzen.

---

[48] Boszormenyi-Nagy, 1995.
[49] Vgl. Sparrer et al., 1995, S. 129.
[50] Kaufmann, 1990, S. 104.
[51] Vgl. Leutz, 1974, S. 99 und S. 101.

Die Psychoanalyse vor allem kennt seit langem ein Phänomen ähnlicher Ausprägung, das Zusammenspiel von Übertragung und Gegenübertragung. „Die Übertragung stellt sich in allen menschlichen Beziehungen ebenso wie im Verhältnis des Kranken zum Arzte spontan her, sie ist überall der eigentliche Träger der therapeutischen Beeinflussung, und sie wirkt umso stärker, je weniger man ihr Vorhandensein ahnt. Die Psychoanalyse schafft sie also nicht, sie deckt sie bloß dem Bewußtsein auf [...]."[52]

Übertragung bedeutet nach Freud „eine besondere Art von meist unbewußten Gedankenbildungen [...], Neuauflagen, Nachbildungen von den Regungen und Phantasien, die während des Vordringens der Analyse erweckt und bewußt gemacht werden sollen, mit einer für die Gattung charakteristischen Ersetzung einer früheren Person durch die Person des Arztes".[53]

Gegenübertragung ist die Reaktion des Therapeuten auf die Übertragung des Klienten. Der Therapeut erlebt dabei in seinen Emotionen, manchmal auch damit verbunden in der Wahrnehmung seines Körperempfindens, Regungen, die er als ihm selbst fremd und der aktuellen Situation unangemessen einschätzen kann, wenn er in dieser Form der Beobachtung geübt ist.

Zum ersten Mal hat Freud 1910 über diese „Neuerung der analytischen Technik" berichtet und ihre Bedeutung für die therapeutische Arbeit betont.[54] Er wählte zur Vermittlung des Phänomens das Bild des Telephons. Der Arzt „[...] soll dem gebenden Unbewußten des Kranken sein eigenes Unbewußtes als empfangendes Organ zuwenden, sich auf den Analysierten einstellen wie der Receiver des Telephons zum Teller eingestellt ist. Wie der Receiver die von Schallwellen angeregten elektrischen Schwankungen der Leitung wieder in Schallwellen verwandelt, so ist das Unbewußte des Arztes befähigt, aus den ihm mitgeteilten Abkömmlingen des Unbewußten dieses Unbewußte, welches die Einfälle der Kranken determiniert hat, wiederherzustellen."[55]

---

[52] Freud, 1909, S. 55.
[53] Freud, 1905, S. 279.
[54] „Wir sind auf die 'Gegenübertragung' aufmerksam geworden, die sich beim Arzt durch den Einfluß des Patienten auf das unbewußte Fühlen des Arztes einstellt, und sind nicht weit davon, die Forderung zu erheben, daß der Arzt diese Gegenübertragung in sich erkennen und bewältigen müsse. Wir haben, seitdem eine größere Anzahl von Personen die PA üben und ihre Erfahrungen untereinander austauschen, bemerkt, daß jeder Psychoanalytiker nur so weit kommt, als seine eigenen Komplexe und inneren Widerstände es gestatten, und verlangen daher, daß er seine Tätigkeit mit einer Selbstanalyse beginne, und diese, während er seine Erfahrungen an Kranken macht, fortlaufend vertiefe. Wer in einer solchen Selbstanalyse nichts zustande bringt, mag sich die Fähigkeit, Kranke analytisch zu behandeln, ohne weiteres absprechen." (Freud, 1910a, S. 108.)
[55] Freud, S. 381f.

Die analytischen Begriffe lassen sich jedoch nicht direkt auf die Aufstellungen übertragen. Denn in einer Aufstellung findet die Übernahme der Gefühle und Wahrnehmungen innerhalb des dargestellten Systems statt, indem die Rollenspieler zum „Empfänger" werden, während sowohl der Klient als auch der Therapeut sich außerhalb dieses Systems befinden.

Die Frage, wie die Rollenspieler zu ihrem Wissen kommen, führt zu Versuchen, den Wissenserwerb überhaupt zu erklären. So beschreibt Theodor Lipps 1907 in seinem Aufsatz „Das Wissen von fremden Ichen" drei Arten, wie wir wissen können. „Das eine Wissen [...] ist unser Wissen von der objektiven Wirklichkeit des s i n n l i c h W a h r g e n o m m e n e n . Das zweite ist unser Wissen von vergangenen eigenen Bewußtseinserlebnissen, deren ich mich e r i n n e r e . Und dazu kommt die dritte Art des weder begründbaren noch einsichtigen Wissens, das Wissen, das hier in Frage steht. Dies ist das Wissen oder die Gewißheit, daß an bestimmte sinnliche Erscheinungen ein Bewußtseinsleben, gleichartig dem eigenen, allgemein gebunden sei. Wie das erste und das zweite, so ist auch das letzte Wissen einfach da. Dies einfache Dasein bezeichnen wir durch das Wort 'instinktiv'. Ein solches Wissen oder eine solche nur einfach daseiende Gewißheit liegt aller Wissenserkenntnis zugrunde [...]."[56]

In seinem Artikel über die verschiedenen Formen der Intuition und über die Betrachtung intuitiven Erfahrens und Wissens seit Aristoteles schreibt Eric Berne (1949): „Standing on the small island of the intellect, many are trying to understand the sea of life; at most we can understand only the flotsam and jetsam, the flora and fauna which are cast upon the shore."[57] Die Intuition sei eine Form des Wissens, die anderem Wissen nicht nachstehe. Über lebenslange Erfahrung in anderen Situationen sei die Wahrnehmung so geschärft, daß Wissen über die durch minimale Hinweise ausgelöste Intuition erwerbbar sei. Dabei geht das Konzept der Intuition davon aus, daß „[...] the individual can know something without knowing how he knows it."[58]

---

[56] Lipps, 1907, S. 710. Hervorhebung im Original.
[57] Berne, 1949, S. 223.
[58] Berne, 1949, S. 205.

3.9. Analoge und digitale Vermittlung von Informationen

Sprach- und Kommunikationswissenschaftler, wie Watzlawick und Bateson, auf die ich im weiteren zurückgreife, beschreiben zwei Formen von Kommunikation, eine analoge und eine digitale. Analog meint eine vor allem bildliche, digital eine verbale Darstellung. Die analoge Sprache vermittelt die Inhalte über bildhaften, weniger über verbalen Ausdruck. Als entwicklungsgeschichtlich frühere Form von Kommunikation läßt sie sich im Tierreich ebenso wie beim Menschen beobachten. Die analoge, Bateson nennt sie ikonische, Sprache läßt durch Gestik, Mimik und Tonfall mehr Spielraum für persönliche Deutung und ist ungenauer, so daß die Aussage und Bedeutung in der Schwebe bleibt. Als Beispiel diene die digitale Form einer Liebeserklärung. Die Person sagt: Ich liebe dich. Die Überzeugungskraft einer solchen Aussage, die sie glaubwürdig macht, findet sich jedoch stärker in einer analogen Übermittlung. Die Informationen gehen über nonverbale Kommunikation, die aber ebenfalls unzureichend in ihrer Deutlichkeit ist. Das Zittern der Stimme, Tränen, tiefe Blicke können Liebe, aber auch andere Gefühle ausdrücken.[59]

Analoge Kommunikation wird der rechten Gehirnhemisphäre zugeordnet, die ganzheitlich Informationen in Metaphern und Bildern auf einer intuitiven Ebene verarbeitet. Dagegen ist die linke Gehirnhälfte auf eine logisch-analytische Verarbeitung der Realität spezialisiert.[60]

Die digitale Form der Kommunikation ist speziell menschlich, da sie an die Sprache gebunden ist. Sie ist eindeutiger, präziser, analytisch und abstrakt. Sie kann die Bedeutung von Zeichen und Zahlen ausdrücken, weniger jedoch feine Nuancen, Empfindungen und Gefühle. „Bei der digitalen Kommunikation beruht die Beziehung zwischen Zeichen und Bedeutung auf reiner Konvention, bei der analogen haben die Zeichen eine durch Ähnlichkeit oder Symbolik unmittelbar evidente Beziehung zu ihrer Bedeutung. Digitale Beziehung ist nur zwischen Individuen möglich, die die Bedeutung des verwendeten Kodes zuvor erlernt haben, analoge kann auch mimetisch - durch bildhafte Wahrnehmung - zustandekommen."[61]

In einer normalen Kommunikation, wenn die Funktionen und geistigen Prozesse beider Gehirnhemisphären verbunden sind, steht dem Menschen eine Kombination beider Stile zur Verfügung. Dabei findet der Inhalt einer Mitteilung seinen Ausdruck in digitaler, der Beziehungsaspekt in analoger Weise. „Es scheint, als habe der Diskurs nichtsprachlicher Kommunikation gerade mit Beziehungsproblemen

---

[59] Vgl. Marc et al., 1991, S. 67.
[60] Vgl. Bateson, 1968.
[61] Vgl. Marc et al., 1991, S. 66.

zu tun - Liebe, Haß, Respekt, Furcht, Abhängigkeit usw.[...]".[62] „Diese Beziehungsaussagen werden [...] anders verarbeitet als im linkshemisphärischen Bereich. Sie werden der Kontrolle entzogen, wirken direkt, sind variabel, erreichen sehr schnell die emotionale Schicht der Psyche, in der die tiefen Erfahrungsbilder unserer Geschichte ruhen [...]".[63]

Dabei ist die analoge Darstellung lediglich ein Abbild einer Realität, nicht die Realität selbst. Gerade für ein Aufstellungsbild in der therapeutischen Arbeit ist von Bedeutung, daß es veränderbar ist, auch im Sinne einer Entwicklung einer Lösung. Die Beziehung ist eine sich stets erneuernde Gestaltung zwischen Menschen. In diesem Sinne „[...] muß daran erinnert werden, daß alle analoge Kommunikationen Beziehungsappelle sind, d.h. Anrufungen bestimmter Beziehungsformen. Nach der Definition von Bateson[64] sind sie daher Vorschläge über die künftigen Regeln der Beziehung."[65] Wird in einer Aufstellung ein Lösungsbild dargestellt, so kann dies als Vorschlag für die künftige Beziehung des Klienten zu seinen Familienmitgliedern gedeutet werden.

„Digitale Sprache hat [...] eine logische Syntax und ist daher höchst geeignet für denotative Kommunikationen auf der Inhaltsebene. Während der Übersetzung von analogen in digitale Mitteilungen müssen also logische Wahrheitsfunktionen eingeführt werden, die im Analogen fehlen. Dieses Fehlen macht sich vor allem im Fall der Negation bemerkbar, d.h. es gibt keine Analogie für das digitale <nicht>."[66] Alle analoge Kommunikation ist also positiv. Watzlawick et al.[67] nennen als Beispiele, wie schwierig es ist die Verneinung von „Ich werde dich angreifen" oder „Der Mann pflanzt einen Baum" analog darzustellen. Denn dafür bedienten wir uns der digitalen Sprache, wobei jedoch immer fraglich bleibe, ob der andere uns glaubt. Durch Drohung oder durch nicht angemessene Kommunikation kann „nicht tun" kommuniziert werden. Diese Negation kann darin bestehen, die zu verneinende Handlung zuerst zu demonstrieren oder vorzuschlagen und sie dann nicht zu Ende zu führen.

---

[62] Bateson, 1968, S. 532.
[63] Kaufmann, 1990, S. 102.
[64] Diese Definition lautet: „Wenn ein Tier, ein Mensch oder eine Nation eine drohende Haltung einnimmt, so kann der Partner daraus schließen, <er ist stark> oder <er wird kämpfen>, doch dies ist nicht der Sinn der ursprünglichen Mitteilung. In Wirklichkeit ist die Mitteilung kein Hinweis, sondern eher als Analogie eines *Vorschlags* oder einer *Frage* in der digitalen Welt zu betrachten." (Zit. nach Watzlawick und Weakland, 1990, S. 98.)
[65] Watzlawick et al., 1990, S. 98.
[66] Watzlawick et al., 1990, S. 98.
[67] Watzlawick et al., 1990, S. 98.

Darüber hinaus „[...] ist analoges Kommunikationsmaterial stark antithetisch; es ermöglicht sehr verschiedene und oft miteinander unvereinbare Digitalisierungen."[68] Dies bietet die Möglichkeit in der Therapie mit analogen Techniken, verschiedene Aspekte zur selben Zeit zu vermitteln.

Möglicherweise beruht die Wirkung von analogen Darstellungen, wie z.B. Lösungsbildern in der Familienaufstellung darauf, daß sie nicht verneinbar, sondern als positiv existent dargestellt werden, da eine Negation nicht möglich ist.

Durch die Repräsentation im Raum wird die Realität der Beziehung in Form einer Metapher dargestellt. Metaphern finden in der systemischen Therapie besonders zur Darstellung von Beziehungsaspekten Verwendung, da ihre Bildhaftigkeit durch eine Vielzahl gleichzeitiger Assoziationen die Darstellung synchroner Aspekte ermöglicht. Die Familientherapie geht von der Annahme aus, daß, so wie das Erzählen einer Geschichte strukturelle Ähnlichkeiten mit der Geschichte der Familie oder des Einzelnen aufweist, eine Familienskulptur emotionale Beziehungen und das Bedürfnis nach Nähe und Distanz sichtbar macht. Dem zugrunde liegt eine Verknüpfung lebensgeschichtlicher Erfahrungen, die in einer nicht der Sprache gemäßen Logik verbunden sind.[69] Bildhafte Darstellung hat daher einen direkten Zugang zu diesen Strukturen, der der Sprache in dieser Zielgerichtetheit und Vielgestalt verwehrt ist.

Nach Stahl findet die Veränderungsarbeit mit Individuen im wesentlichen gerade innerhalb dieser „metaphorischen Realität" statt, die den therapeutischen Kontext konstituiert und vom Therapeuten entsprechend seinem Glaubenssystem etabliert wird.[70] Die Einsetzung eines Lösungsbildes, das eine Lösung des Symptoms oder der Störung an der Stelle des Problembildes vorführt, ist dem weitgefächerten Repertoire hypnotherapeutischer Techniken entlehnt. „Die Neuorganisierung intrapsychischer Repräsentationen, die in den Trancephasen des Mitvollzugs und vor allem auch in den direkten Begegnungen mit den Rollenspielern 'Vater', 'Mutter' etc. zustandekommt [...], führt zu intensiven Versöhnungserlebnissen des Protagonisten mit seinen realen Bezugspersonen, die er in der metaphorischen Realität halluziniert."[71]

In einer Aufstellung wird dem Klienten „die Wirklichkeitsauffassung vermittelt, daß er durch eine intensive und extensive Auseinandersetzung mit seiner Herkunftsfamilie und den Herkunftsfamilien seiner Eltern ein neues und veränderungswirk-

---

[68] Watzlawick et al., 1990, S. 97.
[69] Vgl. Simon und Stierlin, 1984, S. 237.
[70] Vgl. Stahl, 1985.
[71] Stahl, 1985, S. 10.

sames Verständnis seiner gegenwärtigen Person in ihrer ganzen Komplexheit erreichen wird."[72] Dies stellt eine Form des Reframing dar, also eine Veränderung des Bedeutungsrahmens einer Handlung oder eines Symptoms, üblich im NLP (Neurolinguistischen Programmieren), das sich ebenfalls u.a. hypnotherapeutischer Techniken bedient.

3.10. Hypothesen zur Wirkungsweise

Zur therapeutischen Wirksamkeit des Psychodramas, der Skulptur und der Aufstellung lassen sich verschiedene Annahmen vorlegen, die unterschiedlichen Erklärungsmodellen entspringen. Konzepte der Kurztherapie und Hypnotherapie, die beide stark lösungsorientiert vorgehen, erscheinen plausibel, aber auch tiefenpsychologische Erklärungsmodelle werden angeführt. Die Diskussion der analogen und digitalen Verarbeitung läßt den Schluß zu, daß ein analog dargestelltes Lösungsbild seine Wirkung entfaltet, da es als solches nicht verneinbar ist.

Lösungsorientierte Therapie entwirft ein Zukunftsszenario, das den Wünschen und Bedürfnissen des Klienten entspricht. In diesem Rahmen kann der Klient so handeln, wie er handeln würde, wenn er es (jetzt) schon könnte. Nach Erickson bewirkt diese Technik, daß Handeln im neuen Kontext möglich wird. Dadurch werden alte, für die Bedürfniserfüllung unwirksame Verhaltensmuster durch neue, angemessene ersetzt. Diese „[...] Technik war formuliert worden mit Hilfe der allgemeinen Ansicht, daß Praxis zur Perfektion führt, eine einmal begonnene Handlung zur Fortsetzung drängt und Taten aus Hoffnungen und Erwartungen geboren werden. Mit Hilfe dieser Vorstellungen wird eine Therapiesituation geschaffen, in der der Klient auf eine psychologisch wirksame Art und Weise auf erwünschte therapeutische Ziele als schon eingetretene Gegebenheiten reagieren kann."[73] Im Rahmen seiner Darstellung der sich selbst erfüllenden Prophezeiung (self-fulfilling prophecy) beschreibt Watzlawick ein ähnliches Konzept. Er zitiert u.a. den Philosophen und Mathematiker Blaise Pascal, der auf die Frage, wie man zu Glauben gelangen könnte, den Rat gibt, sich so zu verhalten, als glaube man bereits.[74]

Der Kurztherapeut de Shazer empfiehlt, „[...] die >Vision< oder Schilderung einer erfreulicheren Zukunft zu entwerfen, die sich dann sozusagen in der Gegenwart breitmachen kann. Ist eine solche >realistische Vision< - als einer von mehreren

---

[72] Stahl, 1985, S. 9.
[73] Haley, 1967, S. 369.
[74] Pascal, Pensée 233, zit. in Watzlawick, 1981, S. 212.

in der Zukunft möglichen und erreichbaren Zuständen - erst einmal konstruiert, dann entwickeln Klienten häufig >spontane< Formen der Lösung ihrer Schwierigkeiten. Der Therapeut hat also die Aufgabe, die entsprechenden Hoffnungen und Erwartungen in seinem Klienten zu wecken."[75]

Ein weiteres therapeutisches Ziel ist das Bestreben, Verständnis für die Position der Eltern und die Hintergründe ihres Handelns im Klienten wachzurufen. Es ist für den Klienten hilfreich, wenn er Gründe oder einen Hintergrund findet, durch die oder vor dem er sich sein Leiden erklären kann. So bekommt es einen Sinn, was Viktor Frankl[76] als die Voraussetzung für eine Heilung und den Beginn eines Veränderungsprozesses ansieht. In seinem Buch über die Arbeit von Virginia Satir schreibt Nerin[77] „[...], daß man nun Realitäten der Herkunftsfamilie sehen, fühlen und erleben kann, die einem als Kind verschlossen waren. In diesem Sinne erlebt man die Familie tatsächlich neu, so als wäre man in einer anderen Familie aufgewachsen. Diese neue Erfahrung bringt die tief verankerte dysfunktionale Dynamik zur Explosion, so daß eine funktionale Dynamik an ihre Stelle treten kann. Familienrekonstruktion bricht die festgefahrenen Strukturen auf, so daß sie sich neu zu einer reichen Wirklichkeit verbinden und man am Leben wieder Geschmack finden kann."

---

[75] de Shazer, 1992, S. 13.
[76] Vgl. Frankl, 1979.
[77] Nerin, 1989, S. 25.

> Ein wirklich therapeutisches Verfahren
> darf nichts weniger zum Objekt haben
> als die gesamte Menschheit.
>
> Jakob Moreno[78]

4. Jakob L. Moreno und das Psychodrama

Die ersten Ideen für systemische dramatische Arbeit und ihr Gebrauch für psychotherapeutische Zwecke stammen von Jakob Moreno. Ihm widerstrebte das klar umgrenzte, statische Setting der Psychoanalyse von Couch und Sprache, und er entwickelte aus seinen Erfahrungen mit dem Theater eine Form der Therapie, die psychische Inhalte auf einer Bühne in Bewegung und Aktion umsetzte. Er holte Zuschauer hinzu, aus denen Teilnehmer am Spiel wurden, und verschaffte damit dem Leiden des Einzelnen einen öffentlichen Raum, in dem Reaktionen und Antworten verschiedenster Art erfolgen konnten. Damit gab er der Darstellung seiner Klienten einen Bezugsrahmen, der sich viel näher an einer sozialen Wirklichkeit befand als im damaligen Verhältnis von Psychiater und Patient.

Moreno bezeichnet das Drama als eine der ältesten Erfindungen des menschlichen kreativen Geistes. Das Theaterspiel zur Behandlung von Kranken war wegen seiner heilsamen Wirkung bereits im antiken Griechenland[79] und in den frühen Kulturen als Mysterienspiel zur Vereinigung mit den heilenden Göttern bekannt. Das Theater entstammt „[...] dem Glauben des primitiven Menschen, er könne, wenn er Aussehen und Gebärden eines anderen Wesens, [...] annimmt, zu diesem anderen Wesen werden. Vielmehr nicht dem Glauben, sondern der Erfahrung; denn der Australier, der das Känguruh als das Totemtier seines Stammes, der Thrazier, der den Satyr im Gefolge des Dionysos tanzt, hat die leibliche Gewißheit der Identität mit dem dargestellten Wesen. Diese Gewißheit ist nicht 'gespielt'; und doch ist sie ein Spiel, denn sie verweht, sowie Maske und Haltung abgestreift sind."[80,81] Aus diesen Wurzeln entwickelte Moreno für therapeutische

---

[78] Moreno, 1954, S. 3.
[79] Vgl. Weiß, R.: *Bühne frei für eine politische Supervision. Experimente mit Psychodrama und Lehrstücktheater.* München, 1985. Petzold, Hilarion: *Psychodrama-Therapie.* Paderborn, 1979; Petzold, Hilarion und Schmidt, I.: Psychodrama und Theater. In: Petzold, H. (Hg.) *Angewandtes Pschodrama.* Paderborn, 1978, S. 13-44; Zit. in: Buer, 1991, S. 32.
[80] Buber, 1925, S. 198f.
[81] Vgl. auch Moreno, 1959, S. 9.

Zwecke das Psychodrama, eine Psychotherapieform auf der Grundlage des Rollenspiels. Daneben ist seiner Urheberschaft das Soziodrama, ein Psychodrama für die Gruppe, und die Soziometrie, die Lehre von den zwischenmenschlichen Beziehungen, aber auch die Gruppenspychotherapie und die Entwicklung des Rollenspiels für therapeutische Zwecke zuzuschreiben.

Im Rahmen dieser Arbeit ist das Psychodrama von Interesse, da es einen Vorläufer zu den Aufstellungen darstellt. Mit all seinen Ähnlichkeiten und Unterschieden vermittelte es damals eine ganz neuartige Vorstellung von Therapie. Es ist eine Form, die Innenwelt des Klienten als eine für alle zugängliche und somit vermittelbare Außenwelt darzustellen. Der Klient selbst, verschiedenste Teile seiner Welt und seiner selbst, seien es Menschen, Gedanken, Traumgestalten, Gefühle, Phantasien, oder was immer ihm darzustellen ein Anliegen ist, finden als reale Figuren auf der Bühne ihren Platz und entwickeln dort ihr inneres Drama.

Das Psychodrama dient als freier Raum für Probehandeln und die Erforschung von Befindlichkeit in fiktiven, das heißt in dieser Form noch nicht gelebten Situationen. Unter Anleitung des Therapeuten kann der Klient ein Fortschreiten seiner Probleme hin zu einer zukünftigen Lösung, möglicherweise auch zu verschiedenen Lösungsalternativen durchspielen, um ein passendes Endbild für sich zu finden. Diese Technik wird in der modernen Psychotherapie von der kurztherapeutischen, stark lösungsorientierten Richtung übernommen und weiterentwickelt, die den Klienten auffordert, die Lösung vor seinem inneren Auge zu entwerfen und sich bereits jetzt so zu verhalten, als ob die Lösung bereits eingetreten wäre.[82]

4.1. Biographisches

Jakob L. Moreno wurde 1890 in Rumänien geboren[83] und wuchs in Wien auf, wo er bis 1925 lebte. Bereits während seines Studiums der Medizin und der Psychiatrie in der Zeit des Ersten Weltkrieges leitete er das Stegreiftheater mit dem Namen „Theater der Spontaneität". Sowohl Kinder als auch Erwachsene agierten als Schauspieler. Nach dem Examen als Arzt wurde er Leiter einer Kinderklinik und

---

[82] Milton Erickson (1954) beschreibt die „Kristallkugel-Technik", bei der der Klient einen Blick in eine andere, bessere Zeit werfen kann. Steve de Shazer, der seine erfolgreichen Kurztherapien auf nunmehr fünf Sitzungen beschränkt, verwendet diese Technik, um „den Klienten in eine 'gelungene' Zukunft hineinzuprojizieren, in der die beklagte Situation nicht mehr besteht." (de Shazer, 1992, S. 116)

[83] Andere Angaben lauten 1889 und 1892. Vgl. Geisler, 1991, S. 50.

eröffnete seine private Praxis. Immer arbeitete er mit sozialen Randgruppen wie etwa Prostituierten und Gefängnisinsassen, mit denen er Diskussionsgruppen initiierte, die Gruppe nach seiner soziometrischen Methode auf die Beziehungen untersuchte und mit psychodramatischen Mitteln therapeutisch behandelte.

Nach seiner Emigration in die USA 1925 setzte er seine soziometrischen Forschungen an Schulen und in Gefängnissen fort. 1932 unterbreitete er nach einer Studie über die Häftlinge in Sing Sing der Regierung Vorschläge, wie Gruppenpsychotherapie für Insassen von Gefängnissen, psychiatrischen Anstalten und Erziehungsanstalten eingesetzt werden könnte. Sein Stegreiftheater führte er in den USA unter dem Namen „Theater of the Impromptu" fort und mietete dafür ein Studio in der Carnegie Hall. 1936 entstand das erste Psychodrama-Theater. Es wurde in Morenos psychiatrischen Privatsanatorium in Beacon gebaut. Da Morenos Arbeit auf großes Interesse und öffentliche Anerkennung stieß, wurden seine Ideen aufgegriffen und mehrere psychodramatische Bühnen errichtet, so auch in der Harvard Universität und verschiedenen psychiatrischen Kliniken.

Auch seine Arbeit als Autor und Verleger, mit der er sich bereits in Wien als Herausgeber von Zeitschriften mit renommierten Autoren, u.a. auch Martin Buber, einen Namen gemacht hatte, setzte er in den USA fort. Von Moreno stammen hunderte von Veröffentlichungen[84] vor allem über seine drei Entwicklungen Psychodrama, Soziometrie und Soziodrama, aber auch über Stegreiftheater und das Konzept der Rolle. Seiner Urheberschaft entspringen neben den genannten Methoden auch die Gruppenpsychotherapie und die Aktionsforschung. Nach der Etablierung des Psychodramas in den USA richtete sich seine Energie auf die internationale Verbreitung seiner Methoden. In aller Welt veranstaltete er Kongresse über Gruppenpsychotherapie, Psychodrama oder Soziometrie und unternahm Vorlesungsreisen in Europa und der Sowjetunion. Jakob L. Moreno starb 1974 als amerikanischer Staatsbürger in Beacon, in seiner Wahlheimat USA.

4.2. Darstellung des theoretischen Hintergrundes

In der beruflichen Praxis widmete Moreno sich seit dem Ende der zwanziger Jahre drei Hauptbereichen: der Soziometrie, also dem Messen von Beziehungen innerhalb einer Gruppe, dem Soziodrama, wie er das Drama der Gruppe, dargestellt auf der Bühne, benannte, und der psychodramatischen Arbeit, der Darstellung

---

[84] Umfassende Literaturangabe in Leutz, 1974, S. 191-199.

des inneren Dramas des Individuums. Dem allem lag, wie er betont, eine „anspruchsvolle Theorie des Gruppenprozesses" zugrunde[85], nach der er analysierte und behandelte, und die er in seinen zahlreichen Veröffentlichungen ausführlich darlegt.

4.2.1. Soziometrie und Soziodrama

Die Soziometrie untersucht die Beziehungen der Menschen innerhalb einer Gruppe durch Beobachtung und Befragung. Moreno erkannte die Bedeutung sozialer Bindungen für die psychische Gesundheit seiner Patienten und die Bedeutung der Interaktionen mit ihren Familienmitgliedern und den Personen ihrer Umwelt. Beziehungen standen im Mittelpunkt seiner therapeutischen Arbeit. Vor einem ethisch-religiösen Hintergrund versuchte er, die Tiefe der Beziehungen zu ergründen. „Die Prinzipien der Wahrheitsliebe und Nächstenliebe, auf denen sich die Soziometrie aufbaut, sind uralt; neu sind lediglich ihre Methoden. Sie vermögen gleich Roentgenstrahlen ins Innere des sozialen Organismus zu dringen und Spannungen zwischen ethnischen, ökonomischen und religiösen Gruppen zu beleuchten."[86]

Moreno entwickelte Meßmethoden, die die Zusammenhänge zwischen den einzelnen Personen und der Gruppe, Sympathien, Antipathien oder auch Gleichgültigkeit aufzeigen können. Neben diesen Strukturen und ihrer Verteilung über die einzelnen Gruppenmitglieder lassen sich auch Machtstrukturen verdeutlichen, die zeigen, wer innerhalb einer Gruppe als Führungsperson anerkannt ist, und ob diese Position auch durchsetzbar ist.

Ziel der Soziometrie ist, das Zusammenleben in Gruppen zu erleichtern, indem den Bedürfnissen der Menschen genüge getan wird. Die Zufriedenheit in einer Gruppe und damit die Qualität des Zusammenlebens läßt sich erhöhen, wenn die Menschen mit denjenigen engeren Kontakt haben, denen ihre Sympathie gilt. „Durch die soziometrische Methode können wir [...] die allen Gruppenhandlungen zugrundeliegenden Gefühle aufdecken, mit mathematischer Genauigkeit messen und später im Sinne der Neuordnung lenken. Ist die soziometrische Geographie einer Gemeinschaft bildhaft klar geworden, so können viele soziale Spannungen durch Umgruppierungen gelöst werden."[87] Die Verwendung soziometrischer Stu-

---

[85] Fox, 1989, S. 17.
[86] Moreno, 1954, S. XXIII.
[87] Moreno, 1954, S. XXIIIf.

dien ist besonders in Institutionen sinnvoll, in denen Menschen zusammenleben *müssen*. Moreno unterbreitete deshalb Vorschläge zur Verbesserung der Lebensumstände u.a. in Gefängnissen und Kinderheimen.

Das Soziodrama behandelt Gruppenbeziehungen und kollektive Ideologien, und kann etwa eingesetzt werden zur Bearbeitung von Konflikten zwischen einzelnen Volksgruppen oder politischen Gruppen. Diese Möglichkeit, auf einen Frieden hin zu wirken, war für Moreno von großer Bedeutung, weshalb sein therapeutisches Streben nicht nur dem Wohlbefinden des Einzelnen, sondern dem Wohl aller Menschen, der Menschheit als ganzer galt. „Beim Soziodrama kommen die betreffenden Gruppen zusammen, um ihre Probleme gemeinsam zu behandeln, z. B. die Einwanderung von Ostflüchtlingen in ein westdeutsches Dorf oder im Untergrund bestehende politische Probleme. Anstatt dieses Problem theoretisch zu behandeln oder einfach gehen zu lassen, machen sich die Teilnehmer daran, mittels dramatischen 'Durchlebens' eine Lösung ihrer eigenen Lage herbeizuführen."[88] Auf diese Ideen greifen Sparrer und Varga von Kibéd zurück, (die Aufstellungen zu verschiedenen Zwecken nutzen, vgl. Vortrag 1995), wenn sie für Völkergruppen aus Krisen- oder Kriegsgebieten durch systemische Strukturaufstellungen Lösungen suchen.

4.2.2. Psychodrama

Findet die Soziometrie im gesellschaftlichen Rahmen der Sozialarbeit ihre Anwendung, so steht das Psychodrama in der psychotherapeutischen Arbeit im Vordergrund. Die dominierende Form der Psychotherapie war zu Morenos Zeit die Psychoanalyse. Moreno stand ihr äußerst kritisch gegenüber und versuchte, die ihm sichtbaren Unzulänglichkeiten durch therapeutische Entwicklungen in entgegengesetzte Richtungen zu überwinden. Auch kritisierte er die Gleichsetzung der Materie und des Geistes in der Wissenschaft: „Von Anfang an war die Prämisse der wissenschaftlichen Medizin, daß der Ort des physischen Leidens ein individueller Organismus sei. [...] Als man begann, in der aufblühenden Psychiatrie wissenschaftliche Methoden anzuwenden, wurden die Axiome, die durch die körperliche Diagnose und Behandlung gewonnen wurden, automatisch auch auf geistige Störungen angewandt."[89] Dem stellte Moreno seine neu entwickelten Methoden einer völlig andere Art und Weise im Umgang mit Patienten und deren Problemen gegenüber.

---

[88] Moreno, 1954, S. XXIV.
[89] Moreno, 1945, S. 69.

Er änderte vollkommen das Setting psychoanalytischer Behandlung und arbeitete bevorzugt mit Menschen mit psychischen Störungen, die die Psychoanalyse aus ihrem Behandlungsfeld ausgeschlossen hatte. Er setzte dafür psychodramatische Techniken ein, um Psychosen und Wahnerkrankungen zu ergründen und zu behandeln. „Wir kehrten die psychoanalytischen Methoden um und verwandelten den Einzelnen von einem passiven Subjekt der Psychoanalyse in einen dynamischen, in spontaner Bewegung begriffenen Aktor. Anstatt sich nur mit der Erforschung der Vergangenheit zu befassen, werden die Gedanken des Menschen auf die Gegenwart und auf unmittelbares Schaffen gelenkt; an Stelle der sog. freien Assoziation, die auf den sprachlichen Ausdruck beschränkt ist, streben wir eine größere Freiheit der Persönlichkeit an, die sowohl die Aktion als auch die Bewegung miteinbezieht, d. h. die volle Entfaltung der Persönlichkeit bedeutet. Wenn andere Personen in den Handlungsverlauf verwickelt sind, werden auch diese Interaktionen in den Bereich freier Aktion einbezogen."[90]

Im Psychodrama verband Moreno die therapeutische Arbeit in der Gruppe und das Theaterspiel, um den Einzelnen in seiner Entwicklung und Entfaltung zu unterstützen. Da der Mensch im Leben innerhalb einer Gruppe und einer Familie lebt, war es für Moreno naheliegend, diesen Kontext in die Therapie miteinzubeziehen. Die Bedeutung der sozialen Bindungen seiner Patienten beschrieb Moreno 1945 in „Gruppenpsychotherapie", gewissermaßen als erste Ansätze systemischen therapeutischen Vorgehens. Er legte Wert darauf, daß die Mitglieder des „sozialen Atoms", also der sozialen Umwelt, mit zur Therapie kamen.

Der Klient als Einzelmensch war für eine therapeutische Behandlung nicht ausreichend. Denn nach Morenos Erfahrung wurzelten die Probleme und psychischen Störungen nicht allein in der Biographie eines Individuums, sondern hingen zusammen mit dem Umfeld, in dem der Klient sich befindet und bewegt, und den Menschen, die ihm dabei nahe sind. Seine Arbeit war eine „Revolution dessen, was bisher als angemessene medizinische Praxis betrachtet wurde. Ehemann und Ehefrau, Mutter und Kind werden als Einheit behandelt, sitzen einander oft gegenüber - weil sie separat kein greifbares geistiges Leiden haben mögen."[91] Erst aus dem Zusammenspiel der zusammengehörigen Elemente ließe sich erkennen und erfahren, wie die Erkrankung oder die Störung zu verstehen sei.

Die Psychotherapie, die bis zu Morenos Entwicklungen vor allem auf das Individuum beschränkt war, erweiterte er auf die Gruppe, „[...] ohne dadurch auf die Werte der individuellen Methoden zu verzichten; das Streben ist im Gegenteil darauf ge-

---

[90] Moreno, 1954, S. 9.
[91] Moreno, 1945, S. 70.

richtet, diese zu vertiefen. Es soll dadurch der Weg bereitet werden, eine größere Anzahl von Individuen gleichzeitig und in ihrem natürlichen Zusammenhang zu behandeln."[92] Der natürliche Zusammenhang war ein lebensnahes Setting, das nicht nur „[...] die Psychotherapie dem wirklichen Leben näherbringen"[93], sondern auch das Leben des Klienten möglichst komplex und wirklichkeitstreu wiedergeben sollte. Ziel war, ein „therapeutisches Setting zu schaffen, das das Leben als Modell benutzt".[94]

Dabei versuchte er nicht nur, die Menschen der realen Umgebung des Klienten in die Therapie miteinzubeziehen, sondern auch den Raum, in dem sich die persönlichen Dramen abspielten, neu und realistisch zu gestalten. Er richtete eine Bühne ein, die den Personen genug Bewegungsmöglichkeit und Platz zur Darstellung ließ, und möblierte sie rudimentär mit Stühlen, einem Tisch, einem Bett, die der Klient so im Raum verteilte, wie es in seinem wirklichen Lebensbereich der Fall war, wo die Szene spielte. Denn: „Das Psychodrama muß auf die Beobachtung der kleinsten Einzelheiten der Vorgänge im physischen, psychischen und sozialen Raum, der erforscht werden soll, bestehen. Sein Ziel ist, das Gesamtverhalten unmittelbar sichtbar und abschätzbar zu machen."[95]

Die Arbeit Hellingers ist im Gegensatz dazu ganz auf die inneren, „unsichtbaren" Strukturen reduziert. Jeglicher Raum ist für eine Aufstellung dienlich, Ausstattung wird nicht benötigt. Die Personen alleine genügen, um das Zentrale der Beziehungen deutlich werden zu lassen: die Verstrickung oder Einbindung in die Generationenfolge. Es geht auch nicht um eine aktuelle Begegnung, sondern ein fiktives Gegenübertreten in einer anderen Zeit, meist der Kindheit des Klienten. Doch handelt es sich weniger um eine reale Zeitspanne, sondern eher eine „innere" Zeit und eine immer wirkende Struktur. Die Erfahrungen und der Einfluß der Verstrikkungen sind unabhängig von der äußeren Zeit spürbar. Die Lösung sucht Hellinger dort, während Moreno die Gegenwart darstellen ließ und Entwürfe für die Zukunft gestaltete.

Die Interaktion stand für Moreno im Mittelpunkt des menschlichen Lebens. Er ging davon aus, „[...] daß psychologische Probleme oft einen interaktiven Kern haben".[96] Daher war ihm wichtig, auch die Interaktion der Patienten therapeutisch zu beleuchten und so vom individuellen zu einem größeren Behandlungsrahmen zu gelangen. Dazu zog er die realen Interaktionspartner heran, die Menschen, die

---

[92] Moreno, 1959, S. V.
[93] Moreno, 1959, S. V.
[94] Moreno, 1966, S. 31.
[95] Moreno, 1959, S. 111.
[96] Fox, 1989, S. 19.

seine Patienten umgaben oder ließ sie von Rollenspielern darstellen: die Familienmitglieder, also Eltern, Ehefrau oder Ehemann und Kinder, ebenso wie Arbeitskollegen, den Chef, Freunde und Bekannte. Der private Bereich sei der Ort, an dem Schwierigkeiten zwischen den Menschen „[...] gedeihen [...] - Geheimnisse, Täuschung, Argwohn und Wahnvorstellung"[97], was im besonderen Maße auf seine Klientel, psychotisch Erkrankte, zutraf. Wenn diese Schwierigkeiten und Geheimnisse angesprochen und möglichst voreinander benannt werden, und damit ans Licht und an eine Öffentlichkeit gelangen, wird ihnen der Boden entzogen.

Damit ist ein erster Schritt zur Veränderung und somit zur Heilung getan. „Psychodramatische Methoden erlauben es dem Forscher, zwischenmenschliche Beziehungen *in Aktion* zu beobachten. Konfliktursachen aus der Vergangenheit, Gegenwart und Zukunft kommen in einer Umgebung ans Tageslicht, wo sie diagnostiziert und behandelt, vorhergesehen und bearbeitet werden können, oft mit dem Ergebnis, daß, falls sie in einer Beziehung auftrete, ihre Bedeutung verringert wird und sie dann in der 'richtigen' Perspektive gesehen werden."[98]

4.3. Therapeutisches Vorgehen

Das Psychodrama „[...] handelt von zwischenmenschlichen Beziehungen und persönlichen Welten."[99] Die Klienten haben die Möglichkeit und die Aufgabe, ihre Erlebnisse, Probleme, Träume und selbst ihre Wahnvorstellungen nicht nur einem Therapeuten zu berichten, sondern auf einer Bühne vor einem Publikum auszuleben. Es besteht die Annahme, daß dabei verdrängte psychische Inhalte bewußt werden und eine Abreaktion von Affekten möglich ist. Die Aufgabe besteht darin, „so [zu] tun, als ob man eine Rolle übernähme, Neu-Inszenieren oder Ausagieren einer Szene der Vergangenheit, Ausleben eines gegenwärtig drängenden Problems oder für die Zukunft [zu] proben."[100] Das bedeutet, daß verschiedene Aspekte der aktuellen Problematik „im Spiel" beleuchtet und auf ihre Konsequenzen hin untersucht werden können. Die Elemente dieser Darstellung, also die teilnehmenden Personen, Persönlichkeitsaspekte und Rollen, die für die Welt des Hauptdarstellers wichtig sind, werden von Teilnehmern aus der Gruppe dargestellt.

---

[97] Moreno, 1945, S. 70.
[98] Moreno, 1941, S. 154.
[99] Moreno, 1946, S.45.
[100] Moreno, 1946, S. 46.

Wichtige Elemente für das Psychodrama sind die Bühne, der Hauptdarsteller (Protagonist), die Darsteller und der Therapeut. Aus den theoretischen Überlegungen und praktischen Erfahrungen bestimmte Moreno genau ihre Eigenschaften und den Ablauf. Im Laufe der Theaterarbeit und mit Rücksicht auf die therapeutischen Zwecke wurden Form, Aufbau und Ausstattung der Bühne festgelegt. Sie ist der Raum und der Rahmen, in dem der Klient seine innere Welt entfalten und neue Aspekte erfahren kann. Die Worte Friedrich Schillers über das Theater, die „Schaubühne", entsprechen den Wirkungen, die Moreno beobachtet und beabsichtigt hat. „[...] in dieser künstlichen Welt träumen wir die wirkliche hinweg, wir werden uns selbst wiedergegeben, unsere Empfindung erwacht, heilsame Leidenschaften erschüttern unsere schlummernde Natur [...]. Der Unglückliche weint hier mit fremdem Kummer seinen eigenen aus [...]."[101] Denn für Moreno bietet das Psychodrama auf der Bühne die Möglichkeit, zu einer Ebene des Seins vorzudringen, die der Mensch im täglichen Leben nicht erreicht. „Das Ziel ist, [...] die Patienten [...] dazu zu bringen, auf der Bühne das zu sein, was sie sind, nur tiefer und klarer als sie im wirklichen Leben erscheinen."[102]

Der Hauptdarsteller, der Klient, entwirft mit Hilfe des Therapeuten und der Gruppenteilnehmer seine persönliche Welt. Er benennt alle wichtigen Personen und Elemente seiner Darstellung und plaziert sie im Raum, wo sie aus sich heraus handeln. Durch einen Dialog im Gehen mit dem Therapeuten kann er die Szene durch weitere Informationen zu Ort, Einrichtung, Zeit, Atmosphäre u.a. konkretisieren. Die Darstellung wird zu „einer Begegnung mit sich selbst."[103] Der Klient soll seinen Assoziationen folgen und „[...] frei agieren, so wie die Dinge in seinem Geist auftauchen; deshalb muß ihm die Freiheit des Ausdrucks, der Spontaneität gewährt werden."[104,105] Demgegenüber ist eine Aufstellung daraufhin angelegt, kein Verhalten oder psychische Inhalte des Klienten darzustellen, sondern die Verstrickungen, die sich aus den Konstellationen und dem Befinden der Rollenspieler erschließen lassen. Auch die Darsteller sind nicht frei, sondern der Therapeut bestimmt gemäß seinen Hypothesen, wie sie sich zu verhalten haben, wann sie sprechen dürfen und worauf sie achten sollen.

---

[101] Schiller, 1784, S. 18.
[102] Moreno, 1959, S. 78.
[103] Moreno, 1959, S. 111.
[104] Moreno, 1946, S. 46.
[105] Morenos Frau und Mitarbeiterin Zerka Moreno faßt die Aufgabe des Klienten mit den Worten zusammen: „Wirf das alte Rollenbuch weg. Mach es neu, hier und jetzt. Spiele dich selbst, so wie Du nie warst, dann kannst du vielleicht beginnen, so zu sein, wie du hättest werden können. Laß es geschehen! Sei Deine eigene Inspiration, dein eigener Dichter, Dein eigener Darsteller, Dein eigener Therapeut und letzlich Dein eigener Schöpfer." (Zit. in: Buer und Schmitz, 1991, S. 136.)

Durch die eine detailtreue Nachbildung der Szene verdichtet sich die Atmosphäre während des Psychodramas. Der Klient spielt sich selbst, doch wird ihm für nicht bewußte oder nicht gelebte Anteile ein „Doppel" zur Seite gestellt. Es befindet sich in ähnlicher Körperhaltung meist schräg hinter dem Klienten und drückt aus, was dieser fühlen, denken, empfinden könnte. Die Darsteller oder Hilfs-Ichs erfüllen drei Funktionen, nämlich „ [...] Darsteller zu sein, der die Rollen spielt, die für die Welt des Hauptdarstellers erforderlich sind; Berater zu sein, der den Hauptdarsteller anleitet; und schließlich Erforscher der sozialen Situation [...]."[106] Im Laufe des Spiels tritt der Klient völlig in die wiedergegebene Realität ein. „Der Hauptdarsteller findet sich wie gefangen in einer fast realen Welt wieder. Er sieht sich selbst, wie er agiert, er hört sich selbst sprechen, aber seine Handlungen und Gedanken, seine Gefühle und Wahrnehmungen kommen nicht von ihm, sie kommen [...] von anderen Personen, den Hilfs-Ichs, den Doppelgängern und Spiegelungen seines Geistes."[107]

Das Konzept der hypnotischen Trance, die vermutlich der Wirkung von Aufstellungen und Psychodrama zugrundeliegt, war Moreno bekannt. Er experimentierte damit[108] und holte sich Anregungen zur Wirkung und zum Einsatz der Gruppe aus der Arbeit von Anton Mesmer (1734 - 1815), der mit seiner Entdeckung des „Magnetismus" Menschen in der Gruppe behandelte. Moreno schrieb, daß dieser „[...] die in der Gruppe wirksamen Kräfte benutzt, ohne sich über den Charakter dieser Kräfte klar zu sein. Er pflegte seine Gruppen gemeinsam zu behandeln, wobei ein Patient die Hand des anderen halten mußte, da Mesmer glaubte, daß die zwischen den Mitgliedern der Gruppe zirkulierenden Strömungen, die er als animalen Magnetismus bezeichnete, dem einzelnen Individuum neue Kräfte zuführen würden."[109]

Wichtig ist die Leitung durch den Therapeuten, der den Klienten in die Auseinandersetzung mit den auftretenden Inhalten führen muß. Größten Wert legte Moreno neben dem Ausdruck der inneren Vorstellungen auf die Reflexion des Dargestellten. „Es gibt ein Mißverständnis, das sorgsam vermieden werden muß. Das Psychodrama ist keine 'Handlungs'-Kur als Alternative zur 'Sprech'-Kur. Die Idee besteht nicht darin, daß die Personen miteinander alles ausagieren, was in ihren Köpfen ist - in grenzenlosem Exhibitionismus außer Kontrolle geraten -, als wenn diese Art von Aktivität für sich genommen Ergebnisse hervorbringen könnte."[110]

---

[106] Moreno, 1989, S. 47.
[107] Moreno, 1946, S. 45.
[108] Das von Moreno entwickelte „Hypnodrama" ist eine Verbindung von Psychodrama und Hypnose. Vgl. Moreno, 1959, S. 90f.
[109] Moreno, 1973, S. 9, zit. in: Buer, 1991, S. 31.
[110] Moreno, 1940b, S. 134.

Ähnliches betont Boszormenyi-Nagy: Offenheit und Unmittelbarkeit anstelle von Verheimlichen und Verschweigen dienen einer neuen Form von Begegnung, die unter der Anleitung und Anregung des Therapeuten möglich wird. Das bedeutet jedoch nicht, daß die Klienten sich „ungeniert abreagieren und ihren Gefühlen freien Lauf lassen."[111]

Der Therapeut ist Regisseur, Berater und Analytiker zugleich. Durch seine Aufmerksamkeit und Erfahrung hilft er dem Klienten, für seine spontanen Darstellungen den zugleich angemessen sicheren und freien Raum zu schaffen. Er muß die Richtung der dramatischen Entwicklung mitbestimmen und das Augenmerk auf die zentralen Bereiche richten. „Tatsächlich zählt hier die Erfahrung des Leiters in der Kunst des Psychodramas am meisten."[112] Das Vorgehen des Psychodramas ist so konzipiert, daß die Zuschauer aufgefordert sind, dem Hauptdarsteller und Klienten ein *feedback* zu geben. Damit ist eine weitere Kontrollinstanz geschaffen, die den Klienten zur Verantwortung für seine Darstellung anhält.

Das Psychodrama hat u.a. zum Ziel, neue Verhaltensweisen für das soziale Umfeld zu erproben, die Spontaneität des Klienten und der anderen Gruppenmitglieder zu fördern und Ängste, Befürchtungen und Unausgesprochenes einer Realitätsprobe zu unterziehen. Der Klient kann Situationen und Begegnungen mit den realen Personen in verschiedenen Rollen üben und über Rollentausch die Sicht der anderen Partei kennenlernen. Das Rollentraining erleichtert eine praktische Verhaltensmodifikation. Die Wirkung des Psychodramas „[...] beruht letzlich auf den gleichen Prinzipien wie die Praktiken der Verhaltenstherapie; wird der Erfolg des Spielers doch, wie beim operanten Lernen, durch das Feedback der Gruppe und des Psychodramaleiters positiv verstärkt und darüber hinaus durch das eigene Erleben des Protagonisten beim Rollentausch bestätigt."[113] Eine Aufstellung hingegen dient weniger der Erprobung veränderten Verhaltens als einer Veränderung des inneren Bildes.

---

[111] Boszormenyi-Nagy et al., 1981, S. 9.
[112] Moreno, 1940b, S. 134.
[113] Leutz, 1974, S. 89.

5. Virginia Satir, die Familienrekonstruktion und die Familienskulptur

Eine Technik der therapeutischen Arbeit von Virginia Satir war die Familienskulptur. Ähnlich dem Psychodrama spielen ein Klient und seine Familie im therapeutischen Setting Szenen aus dem Zusammenleben. Die wichtigste Veränderung, die Virginia Satir einführte, war der Übergang vom Bühnenartigen zum Symbolischen. Sie ließ nicht mehr einfach Situationen nachspielen, sondern die Struktur der Familie darstellen. Dadurch wurde es möglich, die Beziehungsmuster zu erkennen, in denen die Klienten befangen waren, um sie dann anders zu gestalten. Für diese Arbeit ist die Skulptur von Interesse, da sie, wie das Psychodrama, grundlegende Ähnlichkeiten zur Familienaufstellung aufweist. Dennoch ist es eine eigenständige Methode, die andere Akzente setzt.

5.1. Biographisches

Virginia Satir lebte von 1916 bis 1988 und arbeitete über vierzig Jahre lang als Psychotherapeutin. Ihre Arbeit umfaßte klinische Arbeit, Therapie, Lehrtätigkeit und Forschung. Als eine der Mitbegründerinnen der Familientherapie arbeitete sie als erste mit ganzen Familien, lehrte über lange Jahre hinweg, gab Workshops in der ganzen Welt und veröffentlichte mehrere Bücher, unter anderem ein Lehrbuch zur Familientehrapie (1964). Ihr Hauptanliegen war die Entwicklung positiver Anteile im Menschen und die Entfaltung des menschlichen Potentials. Ihre Arbeit war ausgerichtet nach dem humanistischen Menschenbild, das auf Ressourcen und Fähigkeiten des Menschen achtet, Symptome als Hinweise auf seine Bedürfnisse und notwendige Änderungen im Verhalten und der Umwelt betrachtet und sich abwendet von einer krankheits- und problemzentrierten Sichtweise.

Ausgebildet als Lehrerin arbeitete sie ab 1936 als Erzieherin, später dann als Sozialarbeiterin im klinischen Bereich. Hier nahm sie vor allem Patienten, die niemand mehr wollte, meist Alkoholiker aus der Unterschicht. Bereits 1942 begann sie in ihre Arbeit die gesamte Familie miteinzubeziehen. 1959 kam Virginia Satir zu Don Jackson an das Mental Research Institute und gehörte der Arbeitsgruppe von Psychiatern, Psychologen und Sozialarbeitern in Palo Alto an. Hier arbeitete sie in der Forschung gemeinsam mit Don Jackson und Gregory Bateson. Nach dem Aufbau des Esalen Instituts, eines Zentrums für ganzheitliche Psychologie und Psychotherapie an der Westküste der Vereinigten Staaten, wurde sie dort die erste Direktorin.

Virginia Satirs Arbeitsweise ist stark auf die Kommunikation innerhalb des Systems ausgerichtet. Indem sie mit den Familien selbst arbeitete, verhalf sie den Mitgliedern zu einem offeneren, direkteren Austausch von Informationen. Diese Offenheit ist notwendig, um das System flexibler und durchlässiger zu machen für Veränderung, und ermöglicht zugleich ein stabiles Gleichgewicht, da sie den Zusammenhalt untereinander verstärkt. Nach der systemischen Denkweise beeinflussen sich alle Elemente eines Systems gegenseitig. Um ein stabiles Gleichgewicht zu erhalten müssen alle Elemente als gleichwertig anerkannt sein. Virginia Satirs Arbeit ist darauf angelegt, den Selbstwert eines jeden einzelnen Familienmitgliedes in der Weise zu stärken, daß dieses Kriterium erreicht wird.

5.2. Familienrekonstruktion und Skulptur

Virginia Satir besaß ein breites Repertoire an therapeutischen Techniken.[114] Die Skulptur war eine davon, und sie ließ sie von Paaren, Familien und Gruppen aufstellen. Daneben gibt es eine Vielzahl von Möglichkeiten, wie Skulptur in der therapeutischen Arbeit Verwendung finden kann, z.B. Einzelskulptur, Skulptur zu einem Ereignis oder zu einem Prozeß, zu körperlichen Symptomen, zum Ist- und zum Soll-Zustand eines Paares oder einer Familie u.a.[115] Virginia Satir setzte Skulpturarbeit vor allem im Rahmen von Familienrekonstruktionen ein. Die Familienrekonstruktion hat Virginia Satir in den 60er Jahren entwickelt. Mit dieser Technik werden fehlende Teile der Biographie und der Familiengeschichte ergänzt, das Wissen um Gefühle und Lebenssituationen der Familienmitglieder erweitert und damit ein weiterer Rahmen für mehr Verständnis der eigenen Geschichte und der der anderen geschaffen.

5.2.1. Familienrekonstruktion

Ihre Familienrekonstruktionen hatten die Form mehrtägiger Seminare, wobei sie als Aufgaben zur Vorbereitung Unterlagen und Bilder aller Familienmitglieder sammeln und einen Stammbaum erstellen ließ. Dieser Stammbaum umfaßte auch die Beschreibung der emotionalen Beziehung zu den einzelnen Personen, das sogenannte Genogramm. Die Auseinandersetzung mit dem geschichtlichen familiären Hintergrund und dem sozialen Kontext der Herkunftsfamilie sollte das Leben

---

[114] Vgl. z.B. Satir und Baldwin, 1988.
[115] Vgl. Müller, 1992.

der vorhergehenden Generationen deutlicher und plastischer machen. Um möglichst zahlreiche und genaue Informationen zu erhalten, und um die Familienstruktur zu erarbeiten und von der persönlichen Biographie der Klienten zu lösen, ging Virginia Satir chronologisch vor. Sie griff dabei drei Generationen weit zurück. Die Klienten sollten Informationen einholen über die ökonomische Situation der Großelternfamilien, die Schulzeit der Eltern, Schulformen, Berufswahl und Arbeitsplatz der Eltern, über den Aufbau der sozialen Existenz, Umzug und Wechsel des Arbeitsplatzes, Erfahrungen im Beruf, die soziale Stellung, Kriegserlebnisse, Nachkriegszeit usw.[116]

„Ziel der Familienrekonstruktion ist es, einem Menschen die Möglichkeit zu geben, seine früheren Lebenserfahrungen zu begreifen und zu verarbeiten, so daß er sie in Lebenssituationen, in denen diese alten Verhaltensmuster wieder ins Leben gerufen werden, nicht zwanghaft anwenden muß."[117] Die von Virgina Satir postulierten Freiheiten sollen durch ihre therapeutische Arbeit jedem Menschen zur Verfügung stehen, nämlich die Freiheit zu sehen und zu hören, zu fühlen, zu denken, zu fragen und zu riskieren[118], was immer im Augenblick an Erleben und Aufgaben um den Menschen ist. Er soll die Möglichkeit zur Entscheidung haben, „ [...] für das eigene Leben eine wachstumsfördernde Atmosphäre zu verwirklichen und die entsprechenden Bedingungen dafür zu schaffen."[119] Dies führt, wie bei Moreno und Boszormenyi-Nagy, über die eigenen biographischen Erlebnisse hinaus zur Frage nach dem Sinn des Lebens und die Folgen des Eingebundenseins in die Reihe der Generationen. Weitere Ziele der Rekonstruktion sind die Individuation und Loslösung des Individuums von seiner Ursprungsfamilie, die Entflechtung der Abhängigkeit von ihr und die Loslösung von negativen Aufträgen.[120]

5.2.2. Familienskulptur

Die Familienskulptur nennt Virginia Satir auch „Technik der simulierten Familie", da die Teilnehmer des Workshops die Rolle der Familienmitglieder spielen und nicht die wirklichen Familienmitglieder sich selbst darstellen. Bis zu deren spontanen Entwicklung 1962 hatte sie mit Familien gearbeitet. Eines Tages erschien die Familie, die sie interviewen wollte, nicht vollständig. Um trotzdem die Stunde

---

[116] Vgl. Kaufmann, 1990, S. 33f.
[117] Baldwin, 1992, S. 64.
[118] Vgl. Bandler und Grinder, 1987, S. 12.
[119] Kaufmann 1990, S. 44f.
[120] Vgl. Kaufmann, 1990, S. 44f.

zu nutzen, ließ sie die fehlenden Mitglieder der Familie durch Stühle darstellen. In der weiteren Entwicklung hatten die zur Familie zugehörigen Personen sich selbst in typischen Situationen darzustellen, wobei sie die Regie abwechselnd einem Familienmitglied übergab. Kam ein Angehöriger nicht zur Sitzung, so übernahm eine nicht zum System gehörige Person, z.B. ein Assistent die Rolle. Dabei konnte sie beobachten, „[...] daß es wahrscheinlich war, wenn ich Menschen in bestimmte Haltungen steckte, daß sie die Gefühle, die zu der Haltung paßten, auch tatsächlich erlebten."[121]

Im sogenannten „Streßballett" nimmt jedes Familienmitglied eine typische Haltung ein und wiederholt dazugehörige Handlungen und Gesten immer wieder, so daß die Kommunikationsmuster innerhalb der Familie oder auch Gruppe deutlich zutage treten und den Akteuren bewußt werden.[122] Virginia Satir beschrieb vier Grundtypen[123], die starre Muster wiedergeben. Ihrer Beobachtung zufolge bevorzugt jeder ein bestimmtes dysfunktionales Verhalten einem oder allen anderen gegenüber. Manche beschwichtigen, andere klagen an, rationalisieren oder lenken ab. Dadurch wird eine wirkliche Begegnung verhindert und eigene Bedürfnisse werden überdeckt. Skulpturen sind der „[...] Versuch, Kommunikation durch Körperhaltungen zu verdeutlichen."[124] Sind die Formen der Kommunikation deutlich geworden, richtet sich die weitere Arbeit auf die Beziehungsebene.

Sie setzte Familienskulpturen mit den therapeutischen Zielen ein, die Struktur der Familie physisch zu verdeutlichen. Unter „physisch" wird dabei die räumliche Darstellung der Familienbeziehungen verstanden. Ziel ist, grundlegende Konflikte aufzudecken, um sie ins Bewußtsein zu bringen und damit die Grundlage einer „emotionalen Neuordnung" zu schaffen. So kann die Bedeutung von Symptomen eines Familienmitglieds innerhalb die Familie und deren Interaktion geklärt werden. Bei einer Erweiterung der Skulptur auf die Herkunftsfamilie der Eltern kann der Einfluß der Gefühle und Erfahrungen, die jeder Elternteil einbringt, verständlich gemacht werden. Außerdem kann die Skulptur die Rollenverteilungen, besonders in dyadischen Beziehungen aufzeigen (z.B. Verfolger/Verfolgter) sowie die Regulation der Nähe und Distanz.[125]

---

[121] Satir, 1991, S. 136.
[122] Moreno hebt hervor, die Wiederholung sei keine „[...] Erneuerung des Leidens. Statt dessen bestätigt sie die Regel: Jedes wahre zweite Mal ist die Befreiung vom ersten Mal [...]. Man gewinnt gegenüber seinem eigenen Leben, gegenüber allem, was man getan hat und tut, den Blickwinkel des Schöpfers [...]. Das erste Mal bringt das zweite Mal zum Lachen." (Moreno, 1989, S. 187)
[123] Vgl. Bandler et al., 1987.
[124] Satir 1991, S. 136.
[125] Vgl. Papp et al., 1973.

In dieser Technik gestaltet jedes Mitglied nacheinander sein eigenes Familienbild, das die emotionale Beziehung untereinander symbolisch darstellt. Die Annahme ist, daß die Haltung der Personen und ihre räumliche Entfernung die Gefühle und Beziehungen wiedergeben. Papp et al. beschreiben diesen Vorgang. „The essence of one's experience in the family is condensed and projected into a visual picture. This picture is literally worth a thousand words, revealing aspects of the family's inner life that have remained hidden. Vague impressions and confused feelings on the periphery of awareness are given form through physical spatial expression." [126]

Der Therapeut kann die Skulptur sowohl zu diagnostischen Zwecken als auch zur direkten Intervention nutzen. Als Systemdiagnose lassen sich die Fragen untersuchen, wie das Zusammenleben und -wirken im einzelnen aussieht, welche Formen der Kommunikation zwischen den einzelnen herrschen oder welchen Regeln die Familie folgt.[127] Die Personen werden im Raum aufgestellt, wobei die hierarchischen Beziehungen berücksichtigt werden. Wer stark und dominierend erlebt wird, bekommt eine räumlich höhere Position, etwa auf einem Stuhl oder Tisch, wer sich am schwächsten zeigt wird z.B. auf dem Boden plaziert. Auch die Gestik und Mimik eines jeden Familienmitglieds wird bestimmt, ebenso Blickkontakt und Berührungen. Oft erleben die Klienten dabei zum ersten Mal, wie die anderen sie und ihre Familie wahrnehmen.[128]

Die therapeutische Arbeit mit einer Aufstellung, ebenso wie mit dem Pschodrama oder einer Skulptur bedeutet eine intensive Trancearbeit, die auf eine Lösung hin orientiert ist. Das Lernen anderer Verhaltensweisen und neuer Erkentnisse geschieht durch Erfahrung, das heißt durch Aktionen und im Spiel, schneller und gründlicher als allein durch Worte.[129] Die „dreidimensionale" Arbeit bietet dem Klienten die Möglichkeit, komplexes Wissen direkt und kompakt zu erfassen. „Dem Protagonisten [dem Klienten] wird die Wirklichkeitsauffassung vermittelt, daß er durch eine intensive und extensive Auseinandersetzung mit seiner Herkunftsfamilie und den Herkunftsfamilien seiner Eltern ein neues und veränderungswirksames Verständnis seiner gegenwärtigen Person in ihrer ganzen Komplexität erreichen wird."[130]

Im Laufe des Prozesses lernt der Klient, sein eigenes Verhalten und das seiner Bezugspersonen zu sehen, das eingebunden in die systemischen Verpflichtungen

---

[126] Papp et al., 1973, S. 202.
[127] Vgl. Simon et al., 1984.
[128] Vgl. Müssig, 1991.
[129] Vgl. Duhl, 1992.
[130] Stahl, 1992, S. 186f.

aller ist. Meist wird verständlich, welche Gründe zu einer Handlung geführt haben. Er erfährt die positiven Absichten und Ziele des Verhaltens der Eltern und anderer Familienmitglieder, die oft in Handlungen als solche nicht erkennbar sind[131], und erlebt, daß das, was sie getan haben, das beste war, wozu sie zu diesem Zeitpunkt fähig waren. „Die Neuorganisierung intrapsychischer Repräsentationen, die in den Trancephasen des Mitvollzuges und vor allem in den direkten Begegnungen mit den Rollenspielern 'Vater', 'Mutter' etc. zustandekommt (die Rollenspieler bleiben in der Rolle, während sie dem Protagonisten seine an die Originalperson gerichteten Fragen beantworten, und tragen dadurch dazu bei, dessen Trance aufrechtzuerhalten, zu reinduzieren bzw. zu vertiefen), führt zu intensiven Versöhnungserlebnissen des Protagonisten mit seinen realen Bezugspersonen, die er in der metaphorischen Realität halluziniert."[132]

Für Virginia Satir ist das Ziel der Familienrekonstruktion, „[...] den Prozeß befriedigender Bewältigung in Gang zu setzen. Meine Interventionen sollen den Selbstwert steigern, kongruente Kommunikation entwickeln und sinnvolle Leitlinien auf der Basis der Vielfalt und Grenzenlosigkeit geben [...]."[133] Denn könne der Klient die Quellen früheren Lernens aufdecken, und die Bewußtheit darüber erlangen, daß auch die Eltern menschlich sind, so könne er selbst seinen Weg zum Erwachsensein beschreiten und die Verantwortung für das eigene Leben übernehmen.

---

[131] Vgl. Stahl, 1992, S.186.
[132] Stahl, 1992, S. 188.
[133] Virginia Satir et al., 1988, S. 132.

> Giving is the currency that is valuable.
>
> Ivan Boszormenyi-Nagy[134]

> Im Wettstreit, so erzählt das Brahmana der hundert Pfade, lagen einst Götter und Dämonen. Da sprachen die Dämonen: 'Wem mögen wir wohl unsre Opfergaben bringen?' Sie legten alle Gaben in den eigenen Mund. Die Götter aber legten die Gaben einander in den Mund. Und da gab Pradschapati, der Urgeist, sich den Göttern.
>
> Martin Buber[135]

6. Ivan Boszormenyi-Nagy und die kontextuelle Therapie

In diesem Kapitel werde ich ausführlich auf die komplexe Beziehungstheorie von Ivan Boszormenyi-Nagy eingehen, da sie als ein Erklärungsmodell für die Zusammenhänge und die Wirkungsweisen von Aufstellungen dienen kann. Sein Verdienst ist die wissenschaftliche Untersuchung und Beschreibung systemischer Verstrickung. Bert Hellinger berichtet in seinen Büchern und Seminaren über seine Erfahrungen, hält sich an die Phänomenologie und stellt kein theoretisches Modell zur Erklärung zur Verfügung.

Vor fast 30 Jahren begann Ivan Boszormenyi-Nagy Beziehungsstrukturen von Familien zu beschreiben, die über individualpsychologische und transaktionale Ansätze hinausgehen. In seiner klinischen Praxis untersuchte er tausende von Familien auf eine Regelhaftigkeit, die diesen die typische Struktur gaben. Seine Folgerung ist: Beziehungen werden in ihrer Tiefe von einer existentiellen ethischen Dynamik bestimmt. Da diese impliziten Verbindungen nicht auf den ersten Blick erkennbar sind, bezeichnete er sie als „Unsichtbare Bindungen". (Engl.: Invisible Loyalities. So auch der Titel des Buches, das 1973 erschien.)[136] Sie wirken stärker als beobachtbare Handlungen und biographisch erschließbare Prägungen.[137]

---

[134] Boszormenyi-Nagy, 1995.
[135] Buber, 1923, S. 74f.
[136] Dt. Übersetzung 1984.
[137] Vgl. Reiter-Theil 1988: „Therapie und Ethik in systemischer Perspektive", eine Diskussion der Konzepte moralischer Entwicklung und moralischen Bewußtseins von Kohlberg, Habermas u.a.

Die Grundbegriffe, auf die sich das Theoriesystem stützt, sind Loyalität, Gerechtigkeit und Ausgleich, Verdienst und Anspruch (*entitlement*). Sie beschreiben nicht mehr allein auf das Individuum bezogene, sondern multipersonale Aspekte innerhalb von Beziehungen. Es sind Werte und Normen, die Aussagen machen können über eine ethische, moralische und soziale Dimension, und die über den psychologischen Rahmen von Verhalten, von technischer Kenntnis und von Handeln hinausgehen. Dabei ist der sichtbare Charakter der Beziehung weniger bedeutsam für den Therapieerfolg als das Ausmaß der uneingelösten und verleugneten Verpflichtungen, die die Beziehungen zwischen den Generationen und zwischen den Familienmitgliedern beeinflussen.

Den aus seinen Forschungen und seiner Praxis entwickelten Therapieansatz bezeichnet Boszormenyi-Nagy als „kontextuelle Therapie". Das grundlegende Konzept besteht im gerechten Ausgleich von Geben und Nehmen zwischen den Menschen. Geprägt von der Philosophie Martin Bubers, stellt er die Beziehung von einem Ich und Du in den Vordergrund, den beiden Polen von Geben und Nehmen. Das wesentliche Element einer Begegnung ist die Ethik in den Beziehungen. Sie zeigt sich in Form von Gerechtigkeit, Fairneß und gegenseitiger Verantwortung, und diese Haltung dem anderen gegenüber läßt Vertrauen entstehen.[138] Die Quintessenz aller Therapie und jeglicher menschlichen Beziehung ist die Fähigkeit, zu vertrauen und sich zu binden. Für die eigene Gesundheit und Entfaltung sind wir auf die Verläßlichkeit in Beziehungen angewiesen. Das psychologische Modell von Boszormenyi-Nagy und seine Umsetzung in die Praxis basieren auf dieser Dynamik; sie läßt sich „am besten in ethischen und weniger in psychologischen Begriffen definieren."[139]

Die als „Unsichtbare Bindungen" beschriebenen Beziehungsmuster greifen über die Generationen hinweg. Nicht ausgeglichene Ungerechtigkeit wird in einem vorgestellten Sippentribunal über eine Art Schuld- und Verdienstkonto an die Nachkommen weitergegeben. In der Therapie ist daher das Ziel der Ausgleich dieser „Konten". Boszormenyi-Nagy betont, da sei „no philosophy in this, it´s all empirical observation of life".[140]

---

[138] Maturana nennt als Grundlage ethischer Beziehungsgestaltung die Liebe: „Wenn wir den anderen akzeptieren, können wir seine [...] Anwesenheit unter Angabe von Gründen, die seiner [...] Anwesenheit Gültigkeit verleihen, rechtfertigen: Liebe oder keine Liebe verpflichtet und genau hier beginnt soziale Ethik." (1985, S. 131)
[139] Boszormenyi-Nagy, 1989, S. 435.
[140] Bozsormenyi-Nagy, 1995. Eine ähnliche Aussage trifft Hellinger, wenn er von „phänomenologischer Psychotherapie" spricht.

Nach seiner Beobachtung ist die Einbindung des einzelnen in die Reihe der Generationen unausweichlich. Das Ich ist verstrickt und kann nicht logisch eingreifen, um sich zu lösen. Diese quasi unbewußte Steuerung entzieht sich dem logischen Denken, da ihre Wurzeln nicht nur in der eigenen Biographie, sondern häufig auch in anderen Generationen, der der Eltern und Großeltern, zu suchen sind. Die Verstrickung läßt sich erschließen aus Symptomen, die biographisch nicht zu behandeln sind, und sich der Psychotherapie widersetzen. Massing et al.[141] bezeichnen das Modell von Boszormenyi-Nagy als „Determinismus besonderer Art".

In seinem Alterswerk fordert er eine immer weiter gespannte Verantwortung jedes einzelnen für das „Du". Ähnlich wie Moreno verweist er auf die ethische Dimension der Verantwortung eines jeden einzelnen für die gesamte menschliche Spezies.[142] Wir könnten uns nicht loslösen und als Individuen frei handeln und walten. Selbst wenn wir vermeintlich ohne Rücksicht und Bezug auf die Vergangenheit leben, so wirken wir auf die Zukunft. Unser Handeln heute formt den Boden für die Lebensqualität der nachfolgenden Generationen.

6.1. Biographisches[143]

Ivan Boszormenyi-Nagy wurde in Ungarn geboren. Als Psychiater an der Universität von Budapest studierte er von 1944-48 Chemie, eine Verbindung, die der sich entwickelnden chemischen Behandlung von psychisch Kranken entsprach.

In diese Zeit fiel seine erste Begegnung mit dem Wissen um die existentielle und

---

[141] Vgl. Massing et al., 1994, S. 48.
[142] Siehe z.B. Boszormenyi-Nagy, 1989. Ethik und menschliche Verantwortung sind auch außerhalb der Psychologie zentrale Bereiche, mit denen sich Forscher aus allen Wissenschaften auseinandersetzen. So sagt Humberto Maturana in einem Interview mit Marianne Krüll: „ [...] wenn wir uns der unvermeidlichen Beteiligung unserer Emotionen an all unseren Handlungen bewußt sind, [erlangen] wir ein stärkeres Bewußtsein für unsere Verantwortlichkeit als soziale Einheiten. [...] Wir behaupten für gewöhnlich, nicht für die Folgen unserer Handlungen verantwortlich zu sein, weil wir nur der Maßgabe irgendeiner objektiven Wahrheit folgen (gehorchen): wir sagen, daß objektives Wissen uns bestimme. Wenn wir dagegen die Beteiligung der Emotionen anerkennen, können wir nicht leugnen, daß es die Präferenz (Emotion) ist, die uns bestimmt. Gleichzeitig können wir erkennen, daß soziale Phänomene auf Liebe gegründet sind, und daß es Liebe als fundamentale Emotion in der Anerkennung der Koexistenz ist, die den zwischenmenschlichen Beziehungen und Interaktionen Stabilität, Ordnung, Kohärenz und Harmonie verleiht, nicht aber Vernunft, Interesse oder Macht." (Krüll, Luhmann und Maturana, 1987, S. 19) Und Heisenberg betont, daß zur Erhaltung und Entwicklung der menschlichen Gesellschaft eine Ethik unabdingbar ist. Denn wo „[...] keine Leitbilder mehr den Weg bezeichnen, verschwindet mit der Wertskala auch der Sinn unseres Tuns und Leidens, und am Ende können nur Negation und Verzweiflung stehen. Die Religion ist [...] die Grundlage der Ethik, und die Ethik ist die Voraussetzung des Lebens." (1973, S. 304)
[143] S. Boszormenyi-Nagy und Krasner, 1986; Boszormenyi-Nagy und Spark, 1973; Leutz, 1974.

psychologische Dynamik der Schizophrenie. Nach der Emigration in die USA widmete Boszormenyi-Nagy seine Studien den Zelleigenschaften von Psychotikern. Mehr der psychologischen Seite zugewandt, untersuchte er ab 1955 die Zusammenhänge zwischen tiefenpsychologischen Annahmen und engen Familienbeziehungen. Martin Bubers Schriften gaben seinem Denken neue Anstöße und somit eine neue Richtung. Zur selben Zeit begegneten ihm die Schriften von Ronald Fairbairn und sein psychoanalytisches Konzept der Objektbeziehung. Als ihm 1957 das Eastern Pennsylvania Psychiatric Institute in Philadelphia die Möglichkeit dazu bot, gründete er das Department of Family Psychiatry, wo er begann, diese beiden Konzepte in der Behandlung von Schizophrenen einzusetzen. Es war eines der ersten Zentren für Familientherapie, das die gesamte Familie zur Behandlung von sogenannten „Indexpatienten" heranzog.

Bis in die 80er Jahre, als das Gesundheitsministerium die Finanzierung einstellte, war das Department of Family Psychiatry ein Ort der Forschung und Ausbildung für Familientherapie. Die Beratung und Behandlung von Familien erstreckte sich über die Arbeit in der Universitätsklinik hinaus auf die Bereiche von Kirchen, Schulen, Gerichten, Sozialarbeitern, psychiatrischen Kliniken und vielen anderen Institutionen, wie etwa auf ein Gemeindezentrum für Geistes- und Gemütskrankheiten und Spezialprogramme zur Behandlung von Schizophrenie und Jugendkriminalität. Anfang der 60er Jahre gründete Boszormenyi-Nagy das Family Institute of Philadelphia, seine auf Familientherapie spezialisierte Klinik, und Ende der 70er Jahre die American Family Therapy Association.

Das Arbeitsmodell von Boszormenyi-Nagy, die kontextuelle Therapie, entstand aus einer über 25jährigen Suche nach Erklärungen der therapeutischen Wirkungsweise[144]. Der Ansatz wurde durch die klinische Wirkung ständig überprüft und weiterentwickelt. Entstanden war er aus der Forschung und Beobachtung in jahrelanger Einzeltherapie, später dann in Familien- und Paartherapie. Die Störungen seiner Patienten aus allen sozialen Schichten umfaßten alle Schweregrade. Ein besonders beachteter Patientenkreis war der mit schizophrenen Erkrankungen. Über Familientherapie und die Kontextuelle Therapie verfaßte er zahlreiche Artikel und mehrere Bücher[145], hält Vorträge und leitet Supervisionsseminare in psychiatrischen Kliniken.

---

[144] Vgl. Boszormenyi-Nagy et al., 1986.
[145] Umfassende Literaturangaben in „Between Give and Take", 1986.

6.2. Therapiekonzept

„Allen zwischenmenschlichen Beziehungen, vor allem in Familien, liegt ein äußerst komplexer und im wesentlichen unbekannter 'Mechanismus' zugrunde [...]. Empirisch läßt sich diese Struktur aus gewissen regelmäßigen, sich beinahe gesetzmäßig wiederholenden Ereignissen innerhalb der Familie ableiten."[146] Dieser Mechanismus wirkt im Einzelnen, meist ohne daß er sich dessen bewußt ist. Es ist eine über die Eltern, Großeltern oder weiter zurückliegende Generationen übermittelte Kraft, deren Folgen erst dann ins Bewußtsein treten, wenn sich Störungen psychischer oder auch somatischer Art zeigen. Bei der Beobachtung und Untersuchung von Familien mit „Indexpatienten" erarbeitete Boszormenyi-Nagy Hypothesen zu diesen Strukturen, auf die hin Familienbeziehungen untersucht werden können.

Das Grundkonzept ist die ethische und in der Psychologie bis dahin wenig berücksichtigte Dimension des Ausgleichs der Gerechtigkeit innerhalb der Beziehungen. „Jeder Mensch ist in einen unausgesprochenen ethischen Vertrag mit der Gerechtigkeit einer generationsübergreifenden Solidarität eingebunden: Jedermann hat von seinen Vorfahren etwas empfangen, und er ist nun verpflichtet, davon etwas seinen Nachkommen zurück- bzw. weiterzugeben."[147]

Wie ist es um einen gerechten Ausgleich innerhalb einer Beziehung von zwei Menschen, und in größerem Rahmen innerhalb der eigenen Familie oder der Generationen bestellt? Eine Grundannahme lautet, daß ein Gleichgewicht herrschen muß von empfangenen und gegebenen Wohltaten. Für eine gut funktionierende Beziehung ist ein langfristiger Gerechtigkeitsausgleich Voraussetzung. „Wenn eine Generation weniger weitergibt, als sie erhalten hat, muß diese Gerechtigkeit zwangsläufig verletzt werden."[148] Da jegliches Handeln Konsequenzen für einen Ausgleich der Gerechtigkeit nach sich zieht, müssen diese Konsequenzen bei der Handlung mitberücksichtigt werden.

Erstrebenswert ist eine Handlungsweise, die dem Ausgleich der Gerechtigkeit Rechnung trägt. Denn die Konsequenzen bestehen nicht nur für das Individuum selbst, sondern haben in den aktuellen Beziehungen auch Auswirkungen auf die anderen und wirken weiter in die Zukunft hinein, bis zu nachfolgenden Generationen. In der kontextuellen Therapie wird großer Wert darauf gelegt, daß nicht nur die vorhergehenden und gegenwärtigen Generationen berücksichtigt werden, sondern auch die noch nicht geborenen Menschen, die in direkter (und in größe-

---

[146] Boszormenyi-Nagy et al., 1981, S. 19.
[147] Boszormenyi-Nagy, 1989, S. 435.
[148] Boszormenyi-Nagy, 1989, S. 435.

rem Maße auch indirekter) Nachfolge stehen. „Nach meiner Vorstellung setzen also die entscheidenden Vorgänge zwischen den Generationen keinen *Rückkoppelungsprozeß* in Gang. Auch wenn sie ein Teil von Kreisprozessen sind, sind sie doch im wesentlichen nach *vorwärts* gerichtet."[149]

Es besteht eine tiefgreifende Beziehung zwischen den so verbundenen Menschen. Je näher sie sich sind, desto stärker ist ihre Bindung. Am stärksten ausgeprägt und am deutlichsten sichtbar sind die Bindungen der Blutsverwandtschaft, der Familie und Sippe. Das sind die einzigen Beziehungen, die keiner sich aussuchen und jemals beenden kann. Diese Menschen werden ein Leben lang unveränderlich in Beziehung zueinander bleiben. An dieser Tatsache ändert auch eine große räumliche Entfernung, ein Abbruch der Beziehung oder ein Verschweigen der Zusammengehörigkeit nichts.

Die Weltsicht und die therapeutische Vorgehensweise von Boszormenyi-Nagy stehen unter dem starken Einfluß von Martin Bubers Philosophie. Die Frage und Suche des Individuums nach seinem Dasein und seinem Platz in der Welt findet in dessen philosophischen Entwurf einen möglichen Rahmen. So stellen Beziehungen Verbindungen zwischen dem Einzelnen und seiner Umwelt her. In der Beziehung begegnet das „Ich" einem „Du". Damit wird das Ich erst real. „Nur dadurch, daß das Du gegenwärtig ist, entsteht Gegenwart."[150]

Und: „Alles wirkliche Leben ist Begegnung."[151] Innerhalb von Beziehungen kommt es zu einem Austausch mit der Welt und den anderen, indem beide Seiten aufeinander einwirken. Dadurch werden die Formen des Zusammenlebens weitergegeben und neuen Bedürfnissen angepaßt. „Die Beziehungen der Menschen untereinander bilden psychologische Netzwerke, die der Entwicklung sozialer Traditionen und öffentlicher Meinungen dienen."[152]

Die Beziehung zwischen zwei Menschen sind verschiedenen Kräften unterworfen. Jeder trägt mit sich die Geschichte seiner Vorfahren und tritt vor diesem Hintergrund in Beziehung mit einem anderen. Wie diese Beziehung sich gestaltet, hängt ab von der Fähigkeit und Bereitschaft, dem anderen gegenüberzutreten. Darin liegt der Sinn einer Begegnung: Es ist möglich zu geben und zu bekommen, auszutauschen, was immer man braucht und geben oder nehmen möchte. Ohne ein Gegenüber ist das nicht möglich. „Man suche den Sinn der Beziehung nicht zu

---

[149] Boszormenyi-Nagy, 1989, S. 435. Kursiv im Original.
[150] Buber, 1923, S. 19.
[151] Buber, 1923, S. 18.
[152] Moreno, 1989, S. 61.

entkräften: Beziehung ist Gegenseitigkeit."[153] Eine erfüllte Beziehung kann daher nur eine ausgeglichene Beziehung sein. In einer Familie mit nahen Bindungen findet ein ständiger Austausch zwischen den Mitgliedern statt. Diese gemeinsame Geschichte festigt die Loyalität untereinander.

6.2.1. Loyalität

Nach Boszormenyi-Nagy ist Loyalität die Kraft, die Familien und Verbände zusammenhält. Die Mitglieder sind untereinander zu Loyalität verpflichtet, da sie von ihrer Familie und ihrem Verband Wohltaten erhalten haben. Loyalität ist die angemessene Form, darauf zu antworten. „Loyality in our sense is a preferential commitment to a relationship, based on indebtedness born of earned merit."[154] Indem ein Familienmitglied seine Loyalität zeigt und lebt, kann es die erhaltenen Wohltaten ausgleichen. „'Loyalität' ist ein Schlüsselbegriff zum Verständnis der systemgebundenen (sozialen) wie der individuellen (psychischen) Ebene, [...] da sie eine Verbindung herstellt zwischen den Bedürfnissen und Erwartungen eines sozialen Verbandes (der stets auf Loyalität beruht und sie von seinen Mitgliedern erwartet) und dem Denken, den Gefühlen und Motivationen jedes einzelnen Verbandsmitglieds als Person".[155]

Zu Loyalitätskonflikten kommt es, wenn vertikale Verpflichtungen mit horizontalen kollidieren[156], wenn also die berechtigten Interessen der Ursprungsfamilie mit denen aktueller Beziehungen in Konkurrenz treten. Die Ansprüche der familiären Bindung haben Vorrang, und dennoch muß den Bestrebungen des Individuums nach Autonomie und den neuen Verpflichtungen in Beziehungen, die sich auf Gleichaltrige beziehen oder durch Eheschließung entstanden sind, Genüge getan werden, um sie zu erhalten. „Loyality conflicts can be a major deterrent to individual freedom and interpersonal fairness among peers."[157] Eine Lösung dieser widerstrebenden Kräfte besteht darin, sich der Loyalität bewußt zu werden, die das Kind an die Eltern bindet, und die Verpflichtungen, die die Bindung an die Eltern beinhalten, zu erfüllen. Loyalität ist dabei nicht nur die Bereitschaft des Einzelnen, sondern eine über die Generationen hinweg wirkende Systemkraft.

---

[153] Buber, 1923, S. 14.
[154] Boszormenyi-Nagy et al., 1986, S. 15.
[155] Boszormenyi-Nagy et al., 1981, S. 15.
[156] Ausgehend von einem Bild, das wie ein Stammbaum die Generationen übereinander anordnet, bezeichnet „vertikal" die Richtung durch die Generationen, „horizontal" hingegen die gleiche Generation.
[157] Boszormenyi-Nagy et al., 1986, S. 15.

Boszormenyi-Nagy bespricht in den therapeutischen Sitzungen mit allen Familienmitgliedern die vermuteten und indirekt wahrnehmbaren Loyalitätsbindungen. Über diese Vorgehensweise schreibt er, daß unbewußte Bindungen erst nach längerer Bekanntschaft zu erschließen sind. Denn um die Funktionen einer Gruppe zu verstehen, muß man vor allem wissen, wer mit wem durch Loyalität verbunden ist und was Loyalität für die so Verbundenen bedeutet. Im Gegensatz dazu werden über Familienaufstellungen diese Verknüpfungen durch die Konstellation der Personen im Raum sofort bildlich sichtbar.

Offene Loyalität zu den Eltern erschließt den Weg zu eigener Verantwortung und Handlungsfähigkeit. „Liberation from loyalty conflict through direct than invisible loyalty contributions leads to the freedom to enjoy commitment to peers, partners and spouse."[158] Das Verhalten der Kinder zu ihren Eltern (wobei die Eltern ja auch wiederum ihren Eltern gegenüber in der Kinderrolle stehen) läßt sich auf ungelöste Loyalitätskonflikte hin untersuchen. „This dynamic is especially important to explore in situations where avoidance clouds people's ambivalence towards their parents."[159] So fällt es manchen Klienten außerordentlich schwer, ihre Loyalität den Eltern gegenüber zu zeigen oder auch zu empfinden. Lieber gehen sie zu oft heftigen Angriffen über oder zu feindlicher Ablehnung. Diese Klienten haben das Gefühl, die Eltern schuldeten ihnen noch etwas, sie hätten nie bekommen, was ihnen zugestanden hätte, oder selbst mehr an die Eltern gegeben als sie bekommen haben.

Diese Ambivalenz zwischen tiefer Loyalität und ablehnendem Verhalten nennt Bert Hellinger „unterbrochene Hinwendung". Sie gründet in den Erfahrungen der eigenen Lebensgeschichte und ist nicht aus dem System übernommen. Boszormenyi-Nagy beschreibt verschiedene Formen der „Ausbeutung", die einen Ausgleich von Geben und Nehmen verhindern und somit die Loyalität erheblich stören. Diese Beziehungsmuster werden im weiteren erläutert.

6.2.2. Geben und Nehmen (*give and take*)

Der Ausgleich von Geben und Nehmen ist das zentrale Konzept innerhalb der kontextuellen Therapie. Jegliche Beziehung beruht auf einem Austausch mit anderen. Die Formen des Gebens sind vielfältig: Von Bedeutung ist, daß sich der

---

[158] Boszormenyi-Nagy et al., 1986, S. 16.
[159] Boszormenyi-Nagy et al., 1986, S. 15.

eine dem anderen zur Verfügung stellt mit seinem Wissen, seiner Fürsorge oder Fairneß und der Bereitschaft, die Verantwortung zu tragen für sich und den anderen. „Liebe ist Verantwortung eines Ich für ein Du [...]."[160] Wenn beide gleich viel geben und nehmen, kommt es zum Ausgleich. Für eine beständige, fruchtbare Beziehung ist dieser Ausgleich notwendig. Gibt einer von beiden zuviel oder zuwenig, hat das Auswirkungen auf beide.

Geben beginnt von Geburt an. „Die Ursprünglichkeit des Beziehungsstrebens zeigt sich schon auf der frühesten, dumpfsten Stufe [...] in Zeiten, wo ersichtlich kein Begehren nach Nahrung besteht, allem Anschein nach zwecklos, suchen, greifen die weichen Handentwürfe in die leere Luft, einem Unbestimmten entgegen."[161] Es zeigt sich im Lächeln eines Kindes, das auf seine Eltern zugeht und ihnen seine Zuneigung bezeugt. Eine angemessene Antwort zeigt sich in Handlungen und Gesten von Erwachsenen, die von den oben genannten ethischen Grundsätzen getragen werden. Damit Beziehungen auf Dauer gelingen können, müssen Fairneß und Gerechtigkeit die Leitlinien sein.[162]

Geben (*give*) im Sinne von Boszormenyi-Nagy bedeutet angemessenes Geben, das bedeutet, nicht zuwenig oder zuviel, nichts Unangemessenes oder Unerwünschtes zu geben. Es leistet Gewähr, daß die Interessen des anderen mitberücksichtigt sind. So ermöglicht der, der gibt, dem anderen, wieder etwas zu geben, und somit den Austausch gerecht zu gestalten. Wer zuviel gibt, nimmt dem anderen die Chance, es je zurückgeben zu können. Jeder hat das Recht zu geben, es ist ein natürliches Recht. Wer gibt, hat ein Recht, daß seine Gabe angemessen genommen wird (*take*). Wird einem die Möglichkeit zu geben nicht gelassen, so hat er auch keine Möglichkeit, einen Anspruch auf Ausgleich zu erwerben.

Boszormenyi-Nagy (1995) nennt als Beispiel Formen, wie vor allem ein Kind, aber auch Erwachsene, entmutigt werden können zu geben: wenn die Anerkennung verweigert wird, wo sie zustünde, zuviel gegeben wird oder das Kind in eine Loyalitätsspaltung gerät (*split loyality*). Im letzteren Fall kann das Kind seine Zuneigung zu einem Elternteil nicht zeigen, ohne daß der andere es als persönliche

---

[160] Buber, 1923, S. 22.
[161] Buber, 1923, S. 34f.
[162] Die Sehnsucht des Kindes, das unter den harten erzieherischen Maßnahmen leidet, ohne sein Recht auf Zuwendung benennen zu können, beschrieb Karl Philipp Moritz in seinem Buch „Anton Reiser. Ein psychologischer Roman" schon Ende des 18. Jahrhunderts: „[...] so daß er nun fast ganz vernachlässigt wurde und sich, sooft man von ihm sprach, mit einer Art Geringschätzung und Verachtung nennen hörte, die ihm durch die Seele ging. Woher mochte wohl dieses sehnliche Verlangen nach einer liebreichen Behandlung bei ihm entstehen, da er doch derselben nie gewohnt gewesen war und also kaum einige Begriffe davon haben konnte?" (1979, S. 16)

Beleidigung, Mißachtung oder gar Angriff auffaßt. Das Kind bekommt die Aufgabe, das tiefe Mißtrauen zwischen den Eltern auszugleichen, und gerät zwischen die Fronten, da es loyal mit beiden sein will. „All that undermines the future trust of the child in people."[163] Mit *return* ist eine angemessene Gegenleistung gemeint, die sich durch Dankbarkeit oder Anerkennung oder durch eine „Rückvergütung" ausdrücken läßt. „Eine Würdigung des Gebens ist oft der erste Schritt einer Kompensation für geleistete Verfügbarkeit."[164]

„Die Person, die gegeben hat, ist berechtigt, etwas zu bekommen. Vertrauen entsteht, wenn das Recht zu geben und die erworbenen Ansprüche anerkannt werden."[165] In diesem Austausch wächst die Vertrauenswürdigkeit und das Vertrauen der Partner zueinander. Das Vertrauen geht jedoch auch über die Person hinaus: „Im Geben gestalten und würdigen Menschen ihre existentielle Zugehörigkeit und erkennen ihre Wurzeln an."[166] Wer gibt, hat Anrecht auf Ausgleich, wer bekommt oder nimmt, ist in der Schuld, etwas zu geben. Was ein Kind bekommt, macht es zum Schuldner an seiner Familie, und im größeren Kontext, an der Welt.

Der Psychoanalytiker Erik Erikson[167] schreibt über die Entwicklung von Urvertrauen: „Das Vertrauensgefühl des Kindes zur Mutter wird durch eine Versorgung erweckt, die mit der sensitiven Befriedigung der individuellen Bedürfnisse des Kindes zugleich auch ein starkes Gefühl seiner eigenen Vertrauenswürdigkeit innerhalb des zuverlässigen Rahmens des herrschenden Lebensstils erzeugt." Die Zuverlässigkeit entspricht der Konstanz einer Beziehung, die dem Kind gegeben wird, und auch „Vertrauenswürdigkeit" birgt den Begriff erwiesenen Verdienstes in sich. In dem Maße, in dem sich die elterliche Umwelt in den Augen des Kindes Vertrauenswürdigkeit „verdient", wird das Kind zum Schuldner seiner Eltern und aller derjenigen, die ihm durch die Würde ihrer Absichten und Taten Vertrauen einflößen. Je vertrauenswürdiger die Umwelt war, um so mehr ist man ihr verpflichtet; je weniger man die empfangenen Wohltaten zu vergelten vermochte, um so höher wird die auflaufende Schuld.[168] An bestimmten Störungen sei das Ungleichgewicht deutlich sichtbar. So verweigerten Depressive dem anderen die Möglichkeit, ihnen etwas zu geben und kämen mit dieser Haltung nicht aus der Schuld des Nutznießers heraus.

---

[163] Buber, 1923, S. 34f.
[164] Emlein, 1995, S. 4.
[165] Emlein, 1995, S. 5.
[166] Emlein, 1995, S. 4.
[167] Zit. in Boszormenyi-Nagy et al., 1986, S. 73.
[168] Vgl. Boszormenyi-Nagy et al., 1981.

6.2.3. Selbstvalidierung (self-validation)

Geben innerhalb einer Beziehung hat zwei bedeutsame Auswirkungen: Zum einen erwirbt man sich einen Anspruch auf Wiedergutmachung oder Ausgleich (entitlement), zum anderen „[...] stärkt [es] den eigenen sozialen Wert, den eigenen Wert im Beziehungskontext."[169] Dieses Schaffen oder auch Anhäufen von ethischem Selbstwert innerhalb einer Beziehung nennt Boszormenyi-Nagy Selbstvalidierung (self-validation). Um den eigenen Selbstwert zu erhöhen, ist ein Gegenüber, ein „Du" vonnöten. Durch ihre Existenz und Begegnung geben sich beide Beziehungspartner gegenseitig die Möglichkeit, den eigenen sozialen Wert zu sichern.

In diesem Zusammenhang läßt sich Martin Bubers Gedanke verstehen, nach dem ein Ich ohne Du nicht vollständig ist. Das Ich ist erst definiert, wenn es das Du anerkennt. „Gemäß diesem Prinzip des Dialogs liegt eine gegenseitige Rücksichtnahme im besten existentiellen Interesse beider Beziehungspartner. Dies nicht nur, weil jede Partei eigennützige Vorteile daraus zieht, sondern, in einem fundamentaleren Sinn, weil sich die Partner dadurch gegenseitig in ihrer eigenständigen und differenzierten Persönlichkeit definieren. In diesem Sinn der ethischen Selbst-Darstellung (self-delineation) und Selbstwertanhäufung (self-validation) gehören Geben und Empfangen untrennbar zusammen."[170]

Jede Beziehung bringt Verantwortung für den anderen und seine Bedürfnisse mit sich. Sich ihr zu stellen und sie zu tragen, trägt zum eigenen Selbstwert bei. Ist die Beziehung ausgeglichen, so werden beide füreinander Verantwortung tragen und sich somit die Möglichkeit geben, den Selbstwert zu stärken. „Angemessenes Engagement in Beziehungen ist die Grundlage für die Integrität und den ethischen Wert einer Person. Die Aussicht auf wechselseitige 'self-validation' bedeutet eine wichtige Möglichkeit für beide, Gebenden wie Empfangenden, aus Beziehungsressourcen Nutzen zu ziehen."[171]

Denn: „Ohne die Kraftquelle einer ethischen 'self-validation' verfügt ein Mensch nicht über die Freiheit, sein seelisches Potential zu entfalten."[172] Selbstwert und die Möglichkeit, ihn zu erhöhen, bedeutet eine Freiheit in großem Umfang. Es ist Freiheit, Freisein und Sicherheit zugleich. Die Freiheit umfaßt Freiheit zu entscheiden und zu handeln; Freisein meint ein Freisein von störenden Einflüssen, die die Persönlichkeitsentfaltung behindern; Sicherheit heißt, sich sicher zu fühlen,

---

[169] Emlein, 1995, S. 4.
[170] Boszormenyi-Nagy, 1989, S. 437.
[171] Boszormenyi-Nagy, 1989, S. 434.
[172] Boszormenyi-Nagy, 1989, S. 440.

in einem vertrauensvollen und vertrauenswürdigen Umfeld. Daran schließen sich Überlegungen zu einer Handlungsmotivation an. Eine psychologische Motivationstheorie beinhaltet, daß der Mensch Dinge wiederholt, die Zufriedenheit und Lust bereiten. Eine ethische Motivationstheorie besagt, je weniger ein Mensch blockiert ist zu geben, desto freier ist er. Wenn also hindernde Faktoren psychologischer oder ethischer Art entfallen, kann das Individuum sein Leben freier und in größerer Selbstverantwortung gestalten.[173]

6.2.4. Anspruchsberechtigung (*entitlement*)

Im Rahmen der ethischen Beziehungstheorie ist „Geben" die gültige Währung.[174] Wer gibt, erwirbt sich den Anspruch, etwas zu bekommen. Das bindet die Beziehungspartner aneinander, denn durch jedes Geben entsteht eine neue Schuld, die wiederum ausgeglichen werden muß. „Wer in einer Beziehung gibt, erwirbt sich dort (!) die Berechtigung, einen Anspruch zu stellen."[175] Nach Boszormenyi-Nagy folgt der Ablauf des Ausgleichs einer „selfmotivating positive spiral of gives and returns." (1995) Diese Spirale bewegt sich zwischen den beiden Polen von Selbstwertsteigerung (*self-validation*) und Schuldnertum (*indebtness*).

Die einfachste Form ist ein direkter Ausgleich zum Geben (*direct return*). Wenn jedoch ein berechtigter Anspruch nicht in der Beziehung, in der er entstanden ist, ausgeglichen wird oder ausgeglichen werden kann, wenn also keine angemessene Gegenleistung erwartet werden kann, entsteht ein „ethisches Guthaben" (*entitlement*). Dies ist ein Anspruch auf einer höheren Ebene, und bringt eine Stärkung des Selbstwertgefühls mit sich, wenn die Person sich entschließt, trotz voraussehbarer Nichterfüllung des Anspruchs zu geben. Beharrt die Person darauf, daß sie Anspruch auf Ausgleich hat, und nicht sie jetzt die Rolle des Gebenden sondern des Nehmenden einzunehmen hat, so erfährt sie keine Selbstvalidierung und erwirbt keinen Anspruch, so daß sie sich, modellhaft vorgestellt, in der Spirale abwärts gerichtet bewegt.

---

[173] Boszormenyi-Nagy, 1995.
[174] Boszormenyi-Nagy, 1995.
[175] Emlein, 1995, S. 5.

6.2.5. Negative Anspruchsberechtigung (*destructive entitlement*)

Wird ein berechtigter Anspruch nicht erfüllt, bleibt der Anspruch dennoch erhalten. Er wird zu einem „Überschuß" an Anspruch (*overentitlement*) oder einem berechtigten Anspruch, destruktiv zu sein (*destructive entitlement*). Diese Destruktivität richtet sich entweder gegen andere oder gegen sich selbst, wobei beide Seiten nicht voneinander zu trennen sind. „*Destructive entitlement* bedeutet einen verhängnisvollen moralischen Überschuß, der seinen Inhaber immer in ein tragisches beziehungsethisches Dilemma stürzt. Soweit es die frühen prägenden Beziehungen anbetrifft, ist das '*overentitlement*' des Opfers tatsächlich erworben und verdient. Weder das Schicksal noch seine spätere mitmenschliche Umwelt werden jedoch vergangene 'Wechsel' einlösen [...]."[176]

Wie kommt ein Mensch in dieses Dilemma? Die Wurzeln reichen weit in die Kindheit, in der die Beziehungen des Kindes darauf beruhen, daß es - von außen betrachtet - nimmt, während seine Umwelt ihm gibt. Das Kind ist abhängig von der Pflege seiner Eltern, die die Pflicht haben, es großzuziehen und mit allem zu versorgen, was es braucht. Wenn es zu früh Pflichten übernehmen muß, die den Eltern obliegen, werden eigene Ressourcen aufgezehrt. Daraus entsteht ein Recht auf Wiedergutmachung, auf das es sich jedoch vergeblich beruft. „Tragically, internally contradictory overentitlement originates from a child's inherent right to be cared for or die. This intrinsic entitlement escalates into overentitlement in direct proportion to the degree to which the following factors accrue: -- The child fails to receive adequate nurturance; -- The child's own needs for trust, devotion and love are exploited; -- The child receives mistrust, deceit and mystification in return for his trust and devotion; -- The child is eventually blamed for adult, relational failures."[177]

Die Ausbeutung (*exploitment*) des Kindes durch die Eltern hat Boszormenyi-Nagy unter der Bezeichnung „Parentifizierung" beschrieben (1965).[178] Das Kind wird behandelt wie ein (eigener) Elternteil oder als ob es erwachsen wäre. Es ist ein

---

[176] Boszormenyi-Nagy, 1989, S. 438. Kursiv im Original.
[177] Boszormenyi-Nagy et al., 1986, S. 415.
[178] Ein ähnliches Konzept stellte Haley 1980 unter dem Namen „perverses Dreieck" dar, das drei wesentliche Kriterien aufweist: Die Personen gehören nicht derselben 'Generation' an und nehmen daher in der Machthierarchie unterschiedliche Positionen ein; der Angehörige einer Generation koaliert mit einem Vertreter einer anderen Generation gegen den Dritten; die Koalition wird geleugnet und verschleiert. „Die Trennung der Generationen wird heimlich durchbrochen, und das System gleitet ins Pathologische ab, sofern sich das Überschreiten der Grenze exemplarisch wiederholt." Dieses Modell lasse sich auf anderer Ebene in anderen Systemen wiederfinden, z.B. in Organisationen, wenn der Chef mit einem Untergebenen paktiere, indem er ihn begünstige. Hier finden Überschreitungen der Grenzen der „Generationen" statt. (Zit. in: Marc et al., 1991, S. 49f.)

„bedeutsames, alles beherrschendes Beziehungs-Ungleichgewicht" (1995). Die Rolle des Kindes besteht darin, daß es in der Beziehung zu den Eltern viel mehr gibt als es im Austausch dafür bekommt. Es übernimmt eine elternartige Rolle anstelle seiner angemessenen kindlichen. Selbst wenn es noch ganz klein ist, hat das Kind ein außerordentlich feines Gespür für die Bedürftigkeit seiner Eltern. Aus tiefer Loyalität heraus übernimmt es Verantwortung, wenn die Eltern überlastet sind, und versucht, die für das Kind unangebrachten Bedürfnisse eines oder beider Elternteile nach Schutz, Zuwendung oder auch Sexualität zu erfüllen. Somit wird sein Bedürfnis nach Vertrauen, Hingabe und Liebe ausgebeutet. „Clinical observations of families gives ample indications of how enormously giving and caring very young offspring want to be toward their massively needy parents."[179] Genau hier liege der Ursprung zu einem späteren Loyalitätskonflikt, in dem die Kinder nicht wagen, glücklich zu sein, da die Eltern leiden.

Destructive entitlement erwirbt sich das Kind, wenn ihm für sein Handeln oder Geben nicht Gleichwertiges entgegengebracht wird: Es erfährt im Austausch zu seinem Vertrauen von der Elternseite Mißtrauen, oder das Kind wird für schuldig an Fehlern in der Beziehung erklärt, wenn es noch viel zu klein ist, um eine „erwachsene" Beziehung zu führen; oder es erleidet eine Schuldzuweisung durch die Eltern, die die Verantwortung für ihr fehlendes Wohlbefinden dem Kind aufbürden: „Wegen dir geht es mir schlecht." Die Störung der Qualität der Beziehungen hat Auswirkung auf das Kind.

Denn die Destruktivität richtet sich aus Gründen der unverbrüchlichen Loyalität nicht gegen die ursprünglich versagenden Eltern, bzw. Beziehungen (*invisible loyalty*), sondern gegen die Personen in den aktuellen Beziehungen oder gegen sich selbst. Sie äußert sich in Selbstschädigung oder psychischen Störungen in Form von psychosomatischen Erkrankungen, Psychosen, Suizidtendenzen, Sucht, Depression u.a. oder Verzicht auf die eigene Lebensentfaltung und ausgeglichene Beziehungen.[180] So berichtet Boszormenyi-Nagy von einer Klientin: „It seems that resentment and disappointment have blocked any moves toward her parents. ... the theme of how the 'cutoff' from her parents was functioning as a festering wound."[181]

Der Klient befindet sich genau an der Schnittstelle der drei Wirkungsbereiche, die die Kohärenz im System bestimmen und als Gesundheit oder Krankheit sichtbar werden: „Erstens [...] die Gesetze, welche die Beziehungen in einem Mehrperso-

---

[179] Boszormenyi-Nagy et al., 1986, S.15.
[180] Vgl. Emlein, 1995.
[181] Boszormenyi-Nagy et al., 1986, S. 10f.

nen-System beherrschen, zweitens [...] die psychischen Merkmale der einzelnen Mitglieder des Systems ... und drittens [...] das Ineinanderwirken dieser beiden systemgestaltenden Bereiche".[182] Hier treffen die Ansprüche aus verschiedenen Beziehungen und Generationen aufeinander. Zu den eigenen, biographischen Ansprüchen oder Schuldverpflichtungen kommen die der anderen Generationen hinzu. Denn ist eine Generation Schuldner geblieben, hat sie weniger weitergegeben, als sie bekommen hat, und so tragen die Nachkommen diese Schuld weiter. Boszormenyi-Nagy spricht von intergenerationalen Schuldenkonten, die jeder von seinen Eltern und seiner Familie übernimmt und weiterzutragen hat.

Eine dritte Person kann dafür nicht einspringen. Doch tritt häufig der unbewußte Wunsch auf, der Partner oder die Kinder sollten das Unrecht gutmachen und die berechtigten Ansprüche ausgleichen. Damit wird jedoch das Unrecht weitergegeben. Das Opfer wird zum Täter, denn es sieht die aktuelle Anforderung in einer Beziehung nicht: Anstatt in eine wirkliche Begegnung mit ihren Erfordernissen hineinzugehen, sieht diese Person in seinem Gegenüber eine Möglichkeit, alte berechtigte Ansprüche ausgleichen zu lassen. Sie vernachlässigt ihre Verantwortung für den anderen, der wiederum auf sein Geben hin keinen angemessenen Ausgleich erhält. Wenn Eltern so handeln, so spiegelt das ihren geschichtlichen Hintergrund wieder, denn auch sie stammen aus einem System, in dem sie selbst Kinder waren. Berücksichtigt werden muß ebenfalls, wenn tragische Vorfälle im Leben eingetreten sind, etwa schwere Krankheiten, Unfälle, Krieg oder andere Katastrophen, da sie gewichtige Ereignisse darstellen, die den Einzelnen hindern können, angemessen zu handeln. Ein zweiter Aspekt dabei ist das Wirken des Schicksals, dem der Mensch ausgeliefert ist, und das Einfluß auf sein Leben nimmt, ohne daß er ihm etwas entgegenzusetzen hätte.

Wenn in der Biographie des Klienten innerhalb seiner wichtigen Beziehungen ein Ungleichgewicht entstanden ist, muß er das auf seine Weise lösen. Ist er in der „negativen Spirale" von Schuldnertum und dem Wunsch zu nehmen, so findet er den Weg hin zu einer „positiven Spirale" von Erwerben von Anspruch und Bekommen durch sein erneutes Geben, ohne die bisherigen Schulden aufzurechnen. Ebenso kann er „[..] die einst durch ihn verletzte Seinsordnung [...] durch das Verhältnis einer aktiven Hingabe zur Welt wiederherstellen."[183] Kann er einen größeren Rahmen setzen und sich und seine Schuldner in der großen (Ahnen-)Reihe von Gebenden und Nehmenden sehen, so wird es ihm leichter fallen, nicht einlösbare Ansprüche aufzugeben und sich dem eigenen Leben innerhalb der aktuel-

---

[182] Boszormenyi-Nagy et al., 1981, S. 20.
[183] Buber, 1958, S. 41.

len Beziehungen zu stellen. „Die Anerkennung der Berechtigung, destruktiv zu sein, ebnet den Betroffenen den Weg, einen neuen Zugang in Beziehungen zu versuchen und das Leben auf neu erworbene innere Guthaben und konstruktives Einlösen der berechtigten Ansprüche zu gründen. Zum Verzicht auf Vergeltung entscheiden Betroffene sich, wenn sie die Folgen wahrnehmen: Aus einer *ein*seitigen Sichtweise wird eine *viel*seitige, eine multilaterale Sicht."[184]

6.3. Kontextuelle Therapie

Zusammen mit den Beobachtungen und der Einordnung in einen theoretischen Rahmen entstand eine ganz spezifische Form von Therapie, die die Annahmen in der Praxis überprüft. Da sie die inneren und äußeren Zusammenhänge in den Vordergrund stellt, nennt sie Boszormenyi-Nagy „kontextuelle" Therapie. Der Begriff „Kontext" beinhaltet für ihn „a given 'order of being'. It implies the inescapability of intergenerational consequences. It implies that no one is exempt from the good or the bad consequences of relationship."[185] Das spezifische Merkmal der kontextuellen Therapie ist das Konzept von Geben und Nehmen und die Notwendigkeit des Ausgleichs. Diese Dimension bestimmt die Betrachtung und Bewertung der Symptomatik und bestimmt die Richtung des therapeutischen Vorgehens. Alle anderen Informationen aus den Sitzungen, also Fakten der Lebensschicksale, biographische Elemente der individuellen Psychologie und Beziehungsmuster werden in das Raster dieses Konzepts eingeordnet.

Die Gesetze der Psychologie beziehen sich auf das Individuum, die postulierten ethischen Kriterien, die Konsequenzen für andere miteinbeziehen, richten sich auf die Anliegen aller Betroffenen, auch der nicht anwesenden und der noch nicht geborenen Nachkommen. Damit ist der Rahmen weit gesteckt, da alle Beteiligten eingeschlossen werden und niemand ausgeschlossen bleiben kann. Das ist die Grundforderung der systemischen Therapie. Jedes Element des System muß seinen Platz im System haben und einnehmen, die Bedürfnisse eines jeden müssen den Bedürfnissen der anderen gleichgestellt sein. Das dient dem Wohle aller.

Zur Verdeutlichung der Struktur bedient sich der kontextuelle Ansatz eines Modelles von vier Dimensionen, die den verschiedenen Aspekten des Daseins des Klienten gerecht werden.[186] Jede einzelne Dimension ist ein Subsystem des kontextuellen Gesamtsystems. Zusammen ergeben sie ein Ganzes und sind untereinan-

---

[184] Emlein, 1995, S. 7.
[185] Boszormenyi-Nagy et al. 1986, S. 9.
[186] Boszormenyi-Nagy, 1995.

der verbunden: Fakten, Aktionen oder Prozesse einer Dimension bewirken Konsequenzen sowohl in der eigenen als auch in den anderen Dimensionen.

1. Der existentielle Kontext bezieht sich auf Fakten wie genetische und soziale Bedingungen, Gesundheit, Krankheiten oder Behinderung, Adoption, soziale Zugehörigkeiten, Schicksale. In dieser Ebene hat Therapie wenig direkte Einflußmöglichkeiten. Es sind Faktoren, die als solche angenommen werden müssen, selbst wenn sie als Unrecht oder Ungerechtigkeit erscheinen.

2. Zur individuellen Dimension gehören die Psychodynamik des Einzelnen, seine Bedürfnisse, Kognitionen, Gefühle, Haltungen und seine persönlichen Ziele und Träume. Diese Ebene, in der sich auch die Einzeltherapie abspielt, geht nicht über die einzelne Person hinaus. Änderungen sind möglich, vor allem was Einstellungen dem Leben und den Ereignissen gegenüber, Beziehungen und schließlich sich selbst betrifft.

3. Die systemische und kybernetische Dimension umfaßt Interaktions- oder Beziehungsmuster. Sie handelt vom Verhalten des Einzelnen gegenüber der Welt und den anderen und von ihren wechselseitigen Beziehungen. Hier sind Kommunikation und Transaktion, Macht und Wettbewerb, die die Beziehung formen, zu finden, doch das Verbunden-Sein als solches hat weitergehende Konsequenzen und geht über diese Ebene hinaus in die vierte Dimension. Hier jedoch setzt die Familientherapie oder die systemische Therapie an.

4. Die beziehungsethische Dynamik als vierte und von Boszormenyi-Nagy neu eingeführte Dimension berücksichtigt den Kontext indirekter Gewinne und den Ausgleich von Geben und Nehmen. Die Themen dieser Dimension sind Gerechtigkeit, Loyalität, Vertrauen und Vertrauenswürdigkeit, Anspruch und Verdienst. Dies ist die Ebene der kontextuellen Therapie. Untersucht werden die Stellung des Einzelnen im System und seine Verstrickungen, die generationenübergreifend sein können, und weitere Konsequenzen des Handelns des Einzelnen. Der Kontext der Konsequenzen ist definiert als multilateraler, also als viel- oder mehrseitiger Kontext berechtigter existentieller Interessen. Auf dieser Ebene arbeitet auch die Familienaufstellung.

6.4. Umsetzung in die Praxis

Als Familientherapeut bestellt Boszormenyi-Nagy die ganze Familie zusammen zu einer Reihe von Gesprächen. Dieses Aufeinandertreffen der einzelnen Mitglieder beinhaltet eine eigene Dynamik, da jeder sich den anderen mit seinen Interessen, Bedürfnissen und Wünschen stellen muß. Oft ist dies eine neue und ungewohnte Situation, die allein hilft, festgefahrene Beziehungsmuster zu lösen, es vollzieht sich ein „healing through meeting."[187] Diese Grundannahme, daß Heilung durch Begegnung möglich ist, ist die Basis der therapeutischen Arbeit Morenos.[188] Ähnliches geschieht in den Aufstellungen, wenn ausgeschlossene und verschwiegene Personen mit einem Male im Raum stehen und ihren Platz einnehmen. Die plastische Darstellung aller Zugehörigen überrascht durch ihr Ausmaß und verändert oft drastisch die Stellung des Klienten innerhalb seiner Familie.

Im Gegensatz zum Setting der kontextuellen Therapie findet eine Aufstellung im Rahmen einer Gruppe statt, in der sich Einzelpersonen zusammenfinden. Manchmal wird die Klientin oder der Klient von der aktuellen Familie, dem Partner oder der Partnerin oder/und den Kindern begleitet, doch handelt es sich zum großen Teil um Einzeltherapie in der Gruppe. Auch ist das Augenmerk meist auf die Ursprungsfamilie gerichtet, während die kontextuelle Therapie die aktuellen Beziehungen als Schwerpunkt vor dem familiengeschichtlichen Hintergrund sieht.

Der nach dem kontextuellen Ansatz arbeitende Therapeut achtet auf seine Position der „vielgerichteten Parteilichkeit", wobei er jedes Familienmitglied in seinen Interessen unterstützt. Er steht damit im Gegensatz zur Haltung der Neutralität, die in anderen familientherapeutischen Schulen eingenommen wird. Die kontextuelle Therapie versucht, die Sicht des Klienten oder der Familie so zu erweitern, daß nicht nur die eigene Position erkannt, sondern auch die der anderen gesehen und anerkannt wird. Die therapeutische Arbeit besteht darin, „to help people discover and construct multilaterally responsible solutions in the very situations in which their impulses drive them in opposite directions. Akin to classical Greek drama, a victory based on disregard for significant people in an individual´s life weaves tragic consequences into the fabric of the future. Conversely, therapeutic help that considers the consequences of one person´s reality on another person [...],as well as the legitimacy of self-concern and regard [...], is of benefit to all."[189]

---

[187] Boszormenyi-Nagy et al. 1986, S. 20.
[188] Vgl. Buer, 1991, S. 29.
[189] Boszormenyi-Nagy et al. 1986, S.19.

Alle Familienmitglieder müssen die Möglichkeit haben, ihre Ansprüche vor den anderen zu benennen, so daß sie gemeinsam geprüft werden können. „Die Vorgehensweise [der kontextuellen Therapie] läßt sich am ehesten beschreiben als ein Aufspüren, Würdigen und Nutzbarmachen berechtigter Ansprüche."[190] Es wird deutlich, daß jeder seine Berechtigungen, erworbene Ansprüche und Schulden hat, daß jeder eingebunden ist in das größere familiäre Netz und damit Verpflichtungen der vorhergehenden Generationen weiterträgt.

Die Entdeckung und Darlegung dieser Verbundenheit geschieht in Anwesenheit und vor den anderen Familienmitgliedern, was Offenheit und Unmittelbarkeit verlangt. In der Regel ist das der erste, wenn auch schwere Schritt hin zu einer wirklichen Begegnung, da Vermeiden, Verleugnen und Verheimlichen von persönlichen oder familiären Tabus und Geheimnissen häufig als Strategien im Umgang mit Gefühlen oder schwer zu bewältigenden Tatsachen in der Familie gewählt werden.

Beide Seiten, die Generation der Eltern oder Großeltern und die der Kinder stehen in einem Konsens über die Möglichkeiten innerhalb einer Beziehung. Erfährt das Kind ein offenes oder implizites Verbot, an Themen zu rühren, so wird es ihm aus Loyalität mit der Familientradition Folge leisten. Keine der beiden Seiten kann so eine Lösung herbeiführen. Ein Verbot verhindert jedoch eine direkte Begegnung von einem „Ich" mit einem „Du". In der kontextuellen Therapie wird daher versucht, dieses alte einschränkende Beziehungsmuster aufzulösen, um eine Begegnung und einen Fluß von lebenswichtigen, stärkenden Informationen zu erlauben. „Falscher kindlicher Respekt kann die Tabus und Verbote, die einer aufrichtigen Erforschung der Beziehung zu den Eltern entgegenstehen, dauerhaft zementieren. Dabei könnte die Kenntnis der Kämpfe der älteren Generation möglicherweise zu echtem Respekt führen. Die Eröffnung eines Dialoges zwischen Kind und Eltern, in dem offen gefragt und mutig geantwortet wird, läßt aus den letztgenannten wirkliche Eltern werden."[191]

Das Modell der Spirale zwischen Selbstvalidierung und Schuldnertum, die sowohl ins Positive wie auch ins Negative gerichtet sein kann, dient dabei dazu, die Folgen von ethischem Verhalten und von Gerechtigkeit innerhalb von Beziehungen zu verdeutlichen. Sie stellt ein Entwicklungsmodell dar, um das Konzept des *entitlement* zu vermitteln. Das Therapieziel besteht darin, mit dem Klienten die Möglichkeit zu schaffen, ihn in die Aufwärtsbewegung einer positiven Ausrichtung der Spirale zu bringen.

---

[190] Emlein, 1995, S. 79.
[191] Boszormenyi-Nagy et al., 1981, S. 64.

Oft kann der Klient sie nicht erkennen, da seine Aufmerksamkeit auf einen berechtigten, nicht erfüllten Anspruch (*destructive entitlement*) gerichtet ist. Der Klient ist vielmehr in Wut, Enttäuschung und Vorwürfen gefangen. Diese Gefühle innerhalb einer Beziehung führen jedoch nicht zu einer Lösung und einer Weiterentwicklung. Daher legt der kontextuelle Ansatz das Augenmerk nicht auf die Pathologie, sondern achtet auf die „[...] existence of ressources in significant relationships that, once actualized, can rechannel hatred into closeness, felt injustice into balance of fairness, and mistrust into trust."[192,193]

Wenn die einzelnen Familienmitglieder die eigenen Verstrickungen erkennen, die alten, unbeglichenen und nicht mehr zu begleichenden Schuldansprüche aufgeben, und sich erneut in Beziehungen hineinbegeben, indem sie als erste den Schritt tun, dem anderen zu geben, so werden sie damit „zu einer neuen, lebendigen, eigenständigen Motivation [...] kommen."[194] Dieses Vorgehen entspringt der auf Ethik und Gerechtigkeit basierenden Motivationstheorie. Denn „die Entdeckung, in welcher spezifischen Weise jeder seinen ethischen Wert durch angemessenes Besorgtsein um den anderen vermehren kann, vermindert nicht nur die Beschwerlichkeit der gegenseitigen Rücksichtnahme, sie wird auch zum kraftvollen Motivationsfaktor für die eigene Persönlichkeitsreifung. Sie verschafft dem Gebenden die Freiheit, ein erfüllteres, freudenreicheres und kreativeres Leben zu führen."[195]

Das Erleben dieser Freiheit wirkt als positive Verstärkung und dient somit als Motivation für eine Wiederholung gleichen Verhaltens. Der Klient wird, im Wissen um die Zusammenhänge und nach der lebendigen Erfahrung, weiterhin versuchen, sich auf diese Weise Anspruchsberechtigung zu erwerben, um in den Genuß der positiven Konsequenzen zu kommen. „So entsteht aus dem Erwerben von Anrecht via Geben und Nehmen eine bestimmte, selbsterhaltende Beziehungsdynamik."[196] Wie oben beschrieben, entsteht durch angemessenes Geben und Nehmen eine Bindung zwischen den Beteiligten. Ein fairer und gerechter Austausch fördert das Vertrauen in diese Beziehung im speziellen und in diese Art von Aufnahme und Halten einer Beziehung im allgemeinen und dient damit der physischen und emotionalen Gesundheit der Beteiligten. „Eine unserer zentralen Thesen aus jahrzehntelangen Bemühungen um wirkungsvolle Therapie lautet: In

---

[192] Boszormenyi-Nagy et al. 1986, S. 99.
[193] Im Konzept von Hellinger (s. 7.2.) ist die Elternschaft, die als Tatsache nicht zu leugnen ist, eine der wichtigsten Ressourcen. Hellinger fordert vom Klienten deren Anerkennung und Würdigung.
[194] Boszormenyi-Nagy, 1989, S. 443.
[195] Boszormenyi-Nagy, 1989, S. 438.
[196] Boszormenyi-Nagy, 1989, S. 438.

verläßlichen und vertrauenswürdigen Beziehungen steckt eine heilende Kraft."[197] Diese Beziehungsdynamik dem Klienten zugäglich zu machen ist das Bestreben der therapeutischen Arbeit.

6.5. Anforderungen an den Therapeuten

Die Einstellungen, das Wissen und das Verhalten des Therapeuten sind für einen Therapieerfolg von großer Bedeutung. Ausdrücklich betonen Boszormenyi-Nagy und Spark (1981), daß das persönliche Wachstum des Therapeuten sein wichtigstes Instrument sei. Nur indem er selbst die Offenheit und Bereitschaft zu einer ethischen Handlungsweise in Beziehungen aufbringt, kann er die Klienten aus ihren Verstrickungen hinaus begleiten. Denn das Denken des Therapeuten bestimmt seine therapeutischen Ziele und steckt den Rahmen seiner Möglichkeiten entsprechend enger oder weiter.[198]

Martin Buber führt aus, welche Konsequenzen es hat, wenn in einer therapeutischen Beziehung Inhaber von Rollen aufeinandertreffen im Gegensatz zur Begegnung zweier Menschen, die ein „Ich" und ein „Du" leben. „Ein [...] Beispiel für die normative Beschränkung der Mutualität bietet uns die Beziehung zwischen einem echten Psychotherapeuten und seinem Patienten. Wenn er sich damit begnügt, diesen zu 'analysieren', d.h. aus seinem Mikrokosmos unbewußte Faktoren ans Licht zu holen und die durch ein solches Hervortreten verwandelten Energien an eine bewußte Lebensarbeit zu setzen, mag ihm manche Reparatur gelingen. Er mag bestenfalls einer diffusen, strukturarmen Seele helfen, sich einigermaßen zu sammeln und zu ordnen. Aber das, was ihm hier eigentlich aufgetragen ist, die Regeneration eines verkümmerten Person-Zentrums wird er nicht zu Werke bringen. Das vermag nur, wer mit dem großen Blick des Arztes die verschüttete latente Einheit der leidenden Seele erfaßt, und das ist eben nur in der partnerischen Haltung von Person zu Person, nicht durch die Betrachtung und Untersuchung eines Objekts zu erlangen."[199]

So wie für Boszormenyi-Nagy das therapeutische Hauptanliegen eine *rejunction*, eine Wiederherstellung der Verbindung (zu den Eltern und den davorliegenden Generationen) ist, so hebt auch Martin Buber hervor, daß eine Heilung über das Verbundensein geschieht. Erst durch Zugehörigkeit und Anerkennung dieser Zugehörigkeit wird der Mensch ein Teil des Ganzen, seines Systems, mit seinen

---

[197] Boszormenyi-Nagy, 1989, S. 434.
[198] Vgl. Freud, 1910a, S. 108.
[199] Buber 1957, S. 155f., in: 1994, Nachwort.

Rechten und Pflichten.[200] Der Klient ist kein Einzelwesen und wird sich als solches nicht mehr sehen können. Er hat seinen Kontext und seine Umwelt, mit denen er im unablässigen Austausch steht. Der Therapeut muß dies berücksichtigen und sich darüber im klaren sein, „[...] daß er die Verantwortung für die therapeutischen Auswirkungen auf das Leben all jener trägt, die in irgendeiner Weise mit seinem Patienten verbunden sind. Im Gegensatz zur somatischen Medizin lassen sich die Auswirkungen und Konsequenzen einer psychotherapeutischen Intervention nicht auf die Person des Patienten beschränken."[201]

Daß dabei die persönlichen Interessen im Einklang stehen mit ökologischen und universalen Interessen, wirft ein völlig neues Licht auf die Möglichkeiten von Psychotherapie. „Die Aussicht, daß jedermann ein Recht auf bessere Gesundheit dadurch erwerben kann, daß er auf die Bedürfnisse anderer Rücksicht nimmt, stellt in unserer Welt [...] einen Vorrat an Ordnung und Hoffnung dar."[202] Die Hoffnung, mit seiner Arbeit in fördernder Weise der Entwicklung des Individuums und der Gesellschaft zu dienen, ist ein großes Anliegen von Boszormenyi-Nagy.[203] Ob und wie weit die kontextuelle Therapie dazu beitragen kann, muß weitere Forschung zeigen. Im Rahmen der Therapie läßt sich die Wirksamkeit des Konzepts am Wohlbefinden des Klienten, seiner psychischen und körperlichen Gesundheit und seiner Lebensqualität ablesen.

---

[200] Vgl. Hellinger, 1994.
[201] Boszormenyi-Nagy, 1989, S. 436.
[202] Boszormenyi-Nagy, 1989, S. 438.
[203] Vgl. 1989.

> Das Wichtigste für jeden Menschen
> ist die Ehre, die Würde.
>
> Bert Hellinger[204]

7. Bert Hellinger und die Methode der Familienaufstellung

Bert Hellinger hat eine ganz eigene Art der psychotherapeutischen Arbeit entwikkelt: Aufstellungen, vor allem Familienaufstellungen, bei denen der Klient mit Hilfe der Gruppenmitglieder sein inneres Bild seiner eigenen Familie nachstellt. Die Grundannahme lautet: Bei psychischen Störungen und psychosomatischen Erkrankungen liegt möglicherweise eine Störung der Ordnung im Familiensystem und somit eine systemische Verstrickung vor. Eine Person aus dem System ist mit dem Schicksal einer anderen verbunden. Wird diese relevante Verstrickung erkannt, was über eine Aufstellung meist möglich ist, und wird die Ordnung in einem System (wieder)hergestellt, so ist der Grund für das Symptom hinfällig. Eine Änderung wird möglich.

Hellinger geht davon aus, daß es eine „richtige", also für alle passende Ordnung innerhalb eines Systems gibt, das dem System zu Ruhe und Stabilität verhilft und dabei allen Mitgliedern zur Zufriedenheit dient. Im Rahmen einer Aufstellung, sei es einer Familie oder etwa der Abteilung eines Betriebes, werden die störenden oder gestörten Beziehungen erforscht, und es wird versucht, diese Ordnung erneut oder zum ersten Male in dieser Generation herzustellen.

Wie er in seiner Arbeit in der Praxis herausgefunden hat, kann die Ordnung durch eine Reihe von Regeln bestimmt werden. Die Regeln können durch Eingriffe von außen, Krieg, schweres Schicksal oder durch Ausschluß von Zugehörigen des Systems, Verachtung u.ä. verletzt werden. Die Störung des Gleichgewichts kann sich über Generationen hinziehen. Schwer wiegt etwa bis heute die Zeit des Nationalsozialismus mit ihrer Ungerechtigkeit und ihren dramatischen Ereignissen, die psychische Opfer in der Kinder- und Enkelgeneration auf beiden Seiten hinterlassen hat.[205]

---

[204] Psychologie heute, 1995(6), S. 23.
[205] Im Rahmen einer Buchbesprechung übt Tilmann Moser Kritik an der Psychotherapie, deren Denken ahistorisch geworden sei. Er berichtet von der therapeutischen Arbeit, die die Identifi-

Er folgt bei den Aufstellungen den „Ordnungen der Liebe", wie auch der Titel seines Buches (1994) lautet. Diese Ordnungen stellen sich als beinahe archaische Formen von Beziehung dar, wie sie in der Bibel oder in traditionellen Kulturen zu finden sind. Vielleicht sind diese Strukturen ebenso tief verwurzelt und sprechen daher so tiefgreifend an wie die Bilder der Archetypen, die Carl Gustav Jung beschrieben hat.

Im Gegensatz zum Psychodrama werden keine speziellen Situationen oder Möglichkeiten von Verhalten durchgespielt. Eine Aufstellung hat zum Ziel, unbewußte Verstrickungen im Herkunftssystem sichtbar und damit behandelbar zu machen. Insofern bringt Hellinger die grundlegenden Strukturen des Systems zum Vorschein, von denen er annimmt, daß sie krankmachen oder störend auf die psychische Entfaltung des Einzelnen einwirken. Durch Interventionen ermöglicht er eine neue gefühlsmäßige Anbindung an die vorhergehenden Generationen, einen Ausgleich oder eine Lösung der systemischen Verstrickung. Die Arbeit ist ausgerichtet auf die Versöhnung mit den Eltern und den vorhergehenden Generationen und auf Gerechtigkeit, das heißt die Wahrung des Rechts eines jeden Mitgliedes auf seine Zugehörigkeit zum System.

Sein Vorgehen beschreibt er als „phänomenologisch", also nicht theoriegeleitet, sondern den Phänomenen folgend, die sich in der Praxis der Aufstellung ergeben.[206] Diese Phänomene sind die nonverbalen Mitteilungen des Klienten, die der Therapeut im Gespräch wahrnimmt, und vor allem die Aussagen der Rollenspieler, die die Familienmitglieder repräsentieren, und die sich über ihr Wohlbefinden, Körperwahrnehmungen und Beziehungsphantasien in ihrer Rolle äußern. In einer langen Zeit des Experimentierens zeigten sich sich stets wiederholende Muster in der Beziehung und Position der darstellenden Personen. Inzwischen sind sie als solche klar definiert, so daß sie über Interventionen auf ihre Gültigkeit und Treffsicherheit hin nachgeprüft werden können.

---

kation der Klienten mit den Vorfahren von Opfern und Tätern des Holocaust zum Inhalt hat. Diese Identifikation führe zu Lebensläufen und Verhaltensweisen, die lediglich über „übernommene" oder „entlehnte" Gefühle verständlich würden. Die Arbeit Hellingers übe so viel Faszination aus, denn: „Er begibt sich sehr zielstrebig auf die Suche der Vorfahren, deren Schicksale die Lebensläufe von Kindern und Kindeskindern zwingend prägen." (Moser, 1995)

[206] „Ich erkläre mir gar nichts. Ich sehe, daß es so ist, daß es so abläuft, und daß man es nachprüfen kann, daß die Mitwirkenden bei einer Familienaufstellung wirklich wahrnehmen können, was in dieser Familie abläuft, und das genügt mir für meine Arbeit." (Hellinger, 1984, S. 418f.)

7.1. Biographisches

Bert Hellinger wurde 1925 geboren. Nach dem Studium der Philosophie, Theologie und Pädagogik wurde er Priester. Er ging nach Südafrika und arbeitete sechzehn Jahre lang als Mitglied eines katholischen Missionsordens unter den Zulus. Dort leitete er verschiedene höhere Schulen, darunter eine für Schwarzafrikaner in Natal. Seine Erfahrungen mit den menschlichen Umgangsformen finden sich in der Art seiner Arbeit wieder. „Dort ist es selbstverständlich, daß man einen anderen nicht blamiert, so daß er sein Gesicht und seine Würde wahren kann. Auch wie die Zulus mit ihren Kindern umgehen und wie Eltern ihre Autorität zur Geltung bringen ganz selbstverständlich, das hat mich sehr beeindruckt. Und wie Kinder ganz selbstverständlich ihre Eltern achten. Ich habe zum Beispiel nie gehört, daß einer abfällig über seine Eltern gesprochen hätte. Das ist dort undenkbar."[207] Im Rahmen seiner Arbeit hatte er Einblick in das Vorgehen gruppendynamischer Trainer, die überkonfessionelle Gruppen ohne Rassenschranken anboten. „[...] zu sehen, wie Gegensätze sich auflösen konnten in gegenseitiger Achtung, das war ein sehr tiefes Erleben für mich."[208]

Seine gruppendynamischen Erfahrungen setzte Hellinger nach seiner Rückkehr nach Deutschland 1969 in therapeutische Arbeit um. Anfang der 70er Jahre verließ er den Orden und wandte sich der Psychotherapie zu. Er unterzog sich einer Ausbildung zum Psychoanalytiker in Wien. Nachdem er jedoch in der psychoanalytischen Vereinigung wohlwollend über den Analytiker und Psychologen Arthur Janov und seine damals unkonventionelle und revolutionäre Arbeit referiert hatte, bekam er Schwierigkeiten, so daß ihm von der Vereinigung die Anerkennung als Psychoanalytiker verweigert wurde. Er unternahm längere Studienaufenthalte in den USA, so neun Monate bei Janov in Los Angeles, um die Primärtherapie zu erlernen. Der Weg zu seiner eigenen Form der Psychotherapie führte ihn in die Begegnung mit verschiedensten Therapieformen, so der Gestalttherapie, mit der Transaktions- und Skriptanalyse von Eric Berne, später mit der Familientherapie, der Provokativen Therapie bei Frank Farelly und der Hypnotherapie von Milton Erickson.

Großen Einfluß auf die Entwicklung seiner Vorgehensweise hatte die Auseinandersetzung mit der Arbeit des Psychoanalytikers und Gruppentherapeuten Eric Berne. Berne begründete die Transaktionsanalyse, die die Kommunikation zwischen Menschen und die zugrundeliegenden psychodynamischen Muster untersucht. Sie geht von drei menschlichen Grundbedürfnissen aus: dem Bedürfnis

---

[207] Hellinger, 1994, S. 509.
[208] Hellinger, 1994, S. 500.

nach Zuwendung, Zeitstrukturierung und Aktivierung. Je nachdem, wie in früher Kindheit diese Grundbedürfnisse befriedigt wurden, wird sich der Mensch dem Leben und seinen Anforderungen stellen. Als Leitlinie entwirft sich das Kind schon in früher Kindheit ein Lebensskript, nach dem es sein Leben ausrichtet. Die Vorstellungen äußern sich unter anderem in der Wahl eines Lieblingsmärchens, das Themen aufgreift, die für das Kind relevant sind. Märchen, Mythen oder Legenden beinhalten Erfahrungen, die jedem in mehr oder weniger hohem Maße vertraut sind. Für die Transaktionsanalyse entspringt die Wahl der Themen aus der Biographie und den Botschaften, die dem Kind von den Eltern und seiner Umwelt gegeben werden.

Hellinger stellte in seinen Gruppen fest, daß diese Erklärung nicht immer zutrifft. Im Skript finden sich Themen, die zum Teil über das biographische Erleben hinausgehen und aus anderen Generationen und Beziehungen stammen. „Die Transaktionsanalytiker haben die Skripts auf Botschaften zurückgeführt, die einem vermittelt wurden. Ich stellte fest, daß das unabhängig von direkten Botschaften wirkt durch Geschehnisse, die im System passiert sind. Es handelt sich da meist nicht um Geschehnisse, die derjenige erlebt hat. Sie konnten auch woanders und zu einer anderen Zeit passiert sein und dann in dem Skript zum Vorschein kommen. Plötzlich kam da ein systemischer Mehrgenerationenaspekt zum Vorschein."[209]

Das veranlaßte ihn dazu, die Skriptanalyse systembezogen einzusetzen. Er fand heraus, daß sich viele der Geschichten nicht auf das Leben der eigenen Person, sondern auf das anderer, nämlich von Familienmitgliedern beziehen. Die Auflösung eines oft mit viel Leid verbundenen Skripts wird dadurch möglich, daß diese Identifizierung mit einer Person aus dem eigenen System aufgelöst wird. Dies kann innerhalb einer Aufstellung geschehen, indem diese andere Person ihren richtigen Platz und die Achtung bekommt, die ihr als Mitglied des Systems zusteht.

Bert Hellinger erhielt zur Notwendigkeit und Bedeutung des Ausgleichs zwischen den Generationen Anregungen durch das Buch „Unsichtbare Bindungen" von Ivan Boszormenyi-Nagy (1981). Er betont jedoch den Unterschied, daß nämlich die ethische Dimension des Ausgleichs, die für Boszormenyi-Nagy den zentralen Punkt der Beziehungsdynamik darstellt, für ihn keine große Rolle spiele. „Ich sehe nur das Gefälle, und das Gefälle von Gewinn und Verlust erzeugt eine Dynamik, die nach einem Ausgleich sucht."[210]

---

[209] Hellinger in: Weber, 1993, S. 321.
[210] Hellinger in: Weber, 1993, S. 322.

Aus der hypnotherapeutischen Arbeit nach Milton Erickson und verschiedenen hypnotherapeutischen Verfahren übernahm er u.a. das Erzählen von Geschichten und die genaue Beobachtung der minimalen nonverbalen Hinweise, die häufig nicht mit den gesprochenen Mitteilungen übereinstimmen. Wichtig sei dabei, daß der Therapeut „[...] den Menschen anerkennt, wie er ist, und daß er die Signale anerkennt, so wie sie sind, und sich unmittelbar von den Signalen des Klienten vor ihm leiten läßt."[211] So lassen sich die vordergründigen Mitteilungen von solchen unterscheiden, die aus tieferliegenden Ebenen der Psyche stammen und der unsichtbaren Struktur familiärer Verstrickung entsprechen, die sich dem rationalen Denken entzieht.

Er hat seine Weise, Aufstellungen zu machen, so verfeinert, daß er die Klienten in ganz kurzer Zeit, in meist nicht mehr als zehn bis zwanzig Minuten, an Lösungsbilder heranführt. Das wird ermöglicht durch seine Fähigkeit, die dahinterliegenden Strukturen zu erkennen und seine Interventionen an ihnen auszurichten. Diese Stringenz und das Arbeiten mit dem Minimum des Notwendigen gehören zu den Prinzipien seiner Arbeit.[212] Darüberhinaus sieht er die Klienten meist nur ein Mal zu einer einzigen therapeutischen Sitzung. Daher kann man Aufstellungen zu den lösungsorientierten Kurztherapien rechnen.

Bert Hellinger lebt im Süden von Deutschland. Seine Praxis und die Arbeit mit Gruppen hat er aufgegeben und arbeitet jetzt im Rahmen großer Lehrseminare in Deutschland, Österreich und der Schweiz. Die Themen in seiner Arbeit sind psychosomatische und psychiatrische Erkrankungen, und die Auswirkungen der systemischen Verstrickung auf die zwischenmenschlichen Beziehungen. In Zusammenarbeit mit der Heidelberger Internationalen Gesellschaft für systemische Therapie, entstehen Dokumentationen dieser Therapieform und Langzeitstudien zur Wirksamkeit bei den verschiedenen Störungsbildern. Als Literatur zu seiner therapeutischen Methode sind von Bert Hellinger vor allem therapeutische Briefe (1993) und Darstellungen der Arbeitsweise in Form von Seminartranskripten erschienen (Hellinger, 1994, 1995; Weber, 1993).

---

[211] Hellinger, 1994, S. 506.
[212] „Ein wichtiges Prinzip bei der Arbeit heißt: *Man macht nicht mehr, als für den Patienten notwendig ist.*" (Hellinger, 1994, S. 395. Kursiv im Original.)

7.2. Darstellung des hypothetischen Arbeitsmodells und seiner Implikationen

7.2.1. Bindung und Beziehung

Wird ein Kind in eine Familie hineingeboren, so wird es von Anfang an im Netz der Beziehungen gehalten. Es bekommt, was es zum Überleben braucht, und lernt mit den Personen, die mit in der Familie leben, meist seinen Eltern und Geschwistern, die Regeln dieser Familie als seine eigenen zu erkennen. Doch gibt es darüberhinaus eine tiefe Einbindung in das System, das weiter gefaßt ist. Hellinger hat das Ausmaß der Zugehörigkeit im Rahmen seiner Praxis untersucht und als „Ordnung" beschrieben. Diese Ordnung wirkt, auch wenn wir uns ihrer nicht bewußt sind. „Beziehungen dienen unserem Überleben und unserer Entfaltung, und sie nehmen uns zugleich für Ziele in die Pflicht, die jenseits unseres Wünschens und Wollens sind."[213]

Innerhalb von Beziehungen herrschen Grundbedingungen, denen die Partner unterworfen sind. Hellinger nennt drei davon, die zum Gelingen von Beziehung zwischen Eltern und Kindern notwendig sind, die Bindung, der Ausgleich zwischen Geben und Nehmen und die Ordnung.[214] Durch die starke Bindung innerhalb eines Systems wollen die Nachkommen diejenigen festhalten, die gehen wollen; oder sie versuchen, ihnen nachzufolgen. „Die Bindung bewirkt, daß jene, die den Vorteil haben, denen, die im Nachteil sind, ähnlich werden wollen. [... Sie] bewirkt, daß sich die Gesunden für die Kranken verantwortlich fühlen, die Unschuldigen für die Schuldigen, die Glücklichen für die Unglücklichen und die Lebenden für die Toten.[215] Daher sind jene, die den Vorteil haben, auch bereit, [...] Gesundheit, [...] Leben und [...] Glück [...] aufs Spiel zu setzen und preiszugeben. Denn sie hegen die Hoffnung, daß sie durch den Verzicht auf das eigene Leben und das eigene Glück das Leben und das Glück von anderen in dieser Schicksalsgemeinschaft sichern oder retten können."[216]

---

[213] Hellinger in: Weber, 1993, S. 17.
[214] Hellinger in: Weber, 1993, S. 17.
[215] Ähnliches ist zu beobachten bei Überlebenden von Katastrophen oder Überlebenden des Nazi-Terrors.
[216] Hellinger, 1994, S. 368.

7.2.2. Ordnung

Eine wichtige Erweiterung der bisher beschriebenen Konzepte, die Hellinger einführte, ist die Ordnung im System. Sie beruht auf der zeitlichen Abfolge. Die Menschen, die zuerst da waren, haben Vorrang vor denen, die nachkommen. Bei Systemen ist es anders: Das aktuelle System, also die momentane Familie oder Beziehung, hat Vorrang vor dem vorhergegangenen. Das bedeutet, daß wichtige frühere Beziehungen der Eltern, also frühere Ehen oder Verlobungen, als solche anerkannt werden müssen. Ordnung bedeutet auch, daß die Trennung der Generationen beachtet werden muß: Die Eltern stehen nebeneinander, und die Kinder stehen zusammen, jedoch in einer anderen Reihe. Auch muß die Geschwisterreihe eingehalten werden. Niemand darf ausgeschlossen sein, keinem Zugehörigen darf sein rechtmäßiger Platz verweigert werden. Ist die Ordnung gestört, übernehmen nachfolgende Generationen den Ausgleich.

Die Rangordnung entspricht der zeitlichen Zugehörigkeit zu einem System. „Wer zuerst in einem System da war, hat Vorrang vor dem, der später kommt."[217] Dies gilt auch innerhalb von Organisationen. Dagegen hat das gegenwärtige System Vorrang vor dem Ursprungssystem, was bedeutet, daß z.B. eine Frau nach einer Scheidung und Wiederheirat zu ihrem zweiten System gehört. „In Organisationen gibt es neben der Ursprungsordnung auch eine *Rangordnung nach der Funktion und nach der Leistung.*"[218]

Diese Ordnung muß eingehalten werden, ebenso muß die Trennung der Generationen beachtet werden. Eine Mißachtung der Ordnung, die vermutlich wiederum aus einer systemischen Konstellation resultiert, hat nach Hellinger schwerwiegende Folgen. „Wenn jemand gegen die Ursprungsordnung verstößt, wenn also ein Kind sich anmaßt, wissen zu wollen, was zwischen den Eltern ist, und das zu beurteilen, dann stellt es sich über die Eltern. Wo immer es tragische Verläufe in Systemen gibt, schwere Unfälle, Selbstmord und ähnliches, ist es die Folge einer Übertretung dieser Ordnung. Jemand, der nachgeordnet ist, hat sich dann an die Stelle von Vorgeordneten gestellt. Er reagiert dann, ohne daß er sich dessen bewußt ist, mit einem *Bedürfnis nach Scheitern, Unglück und Untergang.*"[219]

Aufstellungen helfen, systemische Beziehungsstrukturen in kurzer Zeit zu erkennen und zu einer Lösung zu führen. Das Verhalten und die Aussagen des Klienten stellen dabei eine Folge der tieferliegenden „unsichtbaren Bindungen" dar. Veränderungen in dieser Struktur führen zu Veränderungen im Handeln, Denken und

---

[217] Hellinger, 1994, S. 44.
[218] Hellinger, 1994, S. 48f. Kursiv im Original.
[219] Hellinger, 1994, S. 244. Kursiv im Original

damit Fühlen. Nach systemischen Grundsätzen bewirkt eine Veränderung des Klienten auch eine Veränderung seiner Umwelt. Bert Hellinger unterscheidet als Grundkonzepte seiner therapeutischen Arbeit zwischen der systemischen Verstrickung, die meist in einer vorangegangenen Generation begründet liegt (wenn es sich nicht um eine weniger häufige Verstrickung in der Geschwisterreihe handelt), und der unterbrochenen Hinwendung, die biographisch bedingt ist. Für eine therapeutische Lösung bei einer Konstellation systemischer Verstrickung setzt er Aufstellungen ein, bei unterbrochener Hinwendung empfiehlt er Festhaltetherapie nach Irina Prekop[220] oder läßt in den Aufstellungen mit dem Vater oder der Mutter, die durch Rollenspieler repräsentiert sind, eine neue Art von Beziehung entstehen.

7.2.3. Systemische Verstrickung

„System meint hier eine Schicksalsgemeinschaft von Menschen über mehrere Generationen hinweg, deren Mitglieder unbewußt in das Schicksal anderer Mitglieder verstrickt werden können. Man erkennt die Reichweite des Systems an der Reichweite der Schicksale, die zu Verstrickungen führen."[221] „In dieser Schicksalsgemeinschaft sind alle an alle gebunden. Am stärksten wirkt die Schicksalsbindung von den Kindern zu ihren Eltern, zwischen den Geschwistern und zwischen Mann und Frau. Eine besondere Schicksalsbindung entsteht auch von den später Dazugekommenen zu denen, die für sie Platz gemacht haben, insbesondere, wenn diese ein schweres Schicksal hatten."[222] Diese Aussagen geben Hinweise, worauf bei einer Untersuchung des Familiensystems besonders zu achten ist, wo also Hinweise auf eine Verstrickung zu suchen sind, die bedeutungsvoll sein können.

Systemische Verstrickung bedeutet, daß der Klient aus seinem Familiensystem und damit aus vorhergehenden Generationen Aufgaben, etwa eine Schuld oder ethische Schulden im Sinne von Boszormenyi-Nagy, übernimmt, die nicht in seiner persönlichen Biographie begründet sind. Er ist eingebunden in die Erfüllung eines Ausgleichs im System und stellt seine ganze Kraft, ja sein Leben, in diesen Dienst. Boszormenyi-Nagy nennt diese Konstellation „intergenerationales Schuldenkonto", das der Klient aus Loyalitätsverpflichtungen seiner Familie gegenüber

---

[220] Vgl. Prekop, 1991.
[221] Hellinger, 1994, S. 103.
[222] Hellinger, 1994, S. 368.

auszugleichen bereit ist. Der Ausgleich geht über mehrere Generationen. Boszormenyi-Nagy et al. (1973) zitieren die Bibel, wonach die Kinder und Enkel die Schuld der Väter bis ins dritte und vierte Glied tragen. Aufstellungen gehen ebenfalls in den meisten Fällen nicht über diese zeitlichen Dimensionen hinaus.

Nach Hellinger zeigen Aufstellungen die unbewußten Grundstrukturen von Familienbeziehungen auf. „Durch das Familien-Aufstellen wird den Teilnehmern vor Augen geführt, daß in den Familien und Sippen ein allen gemeinsames Bedürfnis nach Bindung und Ausgleich keinen Ausschluß von Mitgliedern duldet. Sonst wird deren Schicksal von denen, die nach ihnen kommen, weitergeführt und wiederholt, ohne daß sie sich dessen bewußt sind."[223] Er beschreibt, wie Familienaufstellungen auf einfache Weise diese Verstrickungen ans Licht bringen, sie deutlich machen und Lösungen dafür aufzeigen. Eine Lösung der Verstrickung kann durch Ausgleich geschehen. „Werden aber die Ausgeschlossenen von den Verbliebenen als zugehörig gewürdigt, dann gleichen Liebe und Achtung das an ihnen begangene Unrecht aus, ohne daß ihr Schicksal wiederholt werden muß."[224]

In einer Aufstellung können in der bildlichen Darstellung die Ausgeschlossenen ihren Platz im System (wieder-)bekommen. Durch Aussagen und Gesten der Achtung wird ihr Dasein anerkannt. Die Annahme ist, daß dieses Bild im Klienten weiterwirkt und somit zu seiner Heilung beiträgt. Dies gilt auch „[...] für die Hinbewegung zur Mutter oder zum Vater. Durch sie [diese therapeutischen Vorgehensweisen] werden frühe Ängste und Schäden, die durch Verlust und Trennung entstehen, geheilt oder gemildert."[225] Der „aktiven Hingabe zur Welt", die Martin Buber als Lösung[226] und Boszormenyi-Nagy als Möglichkeit betrachtet, in eine „positive Spirale" der Begegnung und des Austausches mit der Welt zu kommen, entspricht die Hinbewegung zu den Eltern oder ihre Würdigung, die sich in einer Verneigung vor ihnen und ihrem Schicksal zeigen kann.

Die systemische Verstrickung bedeutet, daß *eine* Person das Schicksal *einer* anderen übernimmt oder durch sein Leben die Erinnerung an sie erhält. So kann z.B. ein Kind das Schicksal der Mutter tragen helfen, die wiederum ihrem Bruder nachfolgt.[227] In manchen Familien geht diese Reihe durch mehrere Generationen zurück. Hellinger berücksichtigt jedoch nicht mehr als drei oder vier Generationen, da die Vergangenheit an einem Punkt auch müsse ruhen dürfen. In der Aufstellung wird meist offensichtlich, welche Personen miteinander verstrickt sind, und

---

[223] Hellinger, 1994, S. 19.
[224] Hellinger, 1994, S. 19.
[225] Hellinger, 1994, S. 20.
[226] Buber, 1958, S. 41.
[227] In extremen Fällen, z.B. bei Psychosen, kann eine doppelte Verstrickung vorliegen.

somit, welche Person für den Klienten die bedeutsame ist.[228] Hellinger beobachtete drei Grunddynamiken der systemischen Verstrickung: die Identifizierung, die Nachfolge und die Übernahme.

7.2.3.1. Identifizierung

In der psychoanalytischen Literatur wird Identifizierung definiert als ein „psychologischer Vorgang, durch den ein Subjekt einen Aspekt, eine Eigenschaft, ein Attribut des anderen assimiliert und sich vollständig oder teilweise nach dem Vorbild des anderen umwandelt,"[229] oder als „Akt, durch den ein Individuum mit einem anderen identisch wird, oder durch den zwei Wesen identisch werden (in Gedanken oder tatsächlich, vollständig oder *secundum quid*)."[230] Bestimmte Ereignisse in der Familie können zu einer Identifizierung mit einer früheren Person führen. Dabei ist es, als ob das Kind das Andenken an eine ausgeschlossene Person aufrechterhielte, indem es durch sein Leiden die Präsenz oder die Energie dieser Person im System repräsentiert.

Man kann beobachten, „[...] daß jemand nicht mehr er selbst ist: Er ist mit einer anderen Person identifiziert. Identifiziert sein heißt, er ist von sich entfremdet und wie diese Person. Sie ist kein Gegenüber mehr für ihn. Er fühlt wie sie."[231] Auch lasse sich beobachten, daß „[...] auch Träume manchmal nichts mit dem Träumer zu tun haben, sondern daß er etwas träumt, was zu anderen aus seiner Familie gehört".[232] Mögliche Gründe für eine Identifizierung sind, daß diese Person aus dem System ausgeschlossen wurde oder das Kind, der heutige Klient als Repräsentant der jüngsten Generation, an seiner Stelle für ein Vergehen gegen das System oder die Gerechtigkeit sühnt.

Oft ist diese Person dem Klienten gar nicht bekannt oder lebt innerhalb der Familie als Tabu oder Familiengeheimnis weiter. „Man braucht die Personen nicht zu kennen, mit denen man identifiziert ist. Denn der Druck, der zur Identifizierung führt, kommt aus dem System, und er wirkt, ohne daß man etwas von den Personen, die man vertreten muß, weiß."[233] Nicht nur die Kinder, die späteren Klienten,

---

[228] In seiner bisherigen Arbeit habe Hellinger nicht gesehen, daß ein Klient mit dem Schicksal zweier Vorfahren verstrickt sei. (Pers. Mitteilung.)
[229] Laplanche und Pontalis, 1989, S. 219.
[230] Lalande, zit. nach Laplanche et al. 1989, S. 220.
[231] Hellinger, 1994, S. 136.
[232] Hellinger, 1994, S. 505.
[233] Hellinger, 1994, S. 112.

erleben selbst in ihrer Wahrnehmung oder durch ihr Leid, „daß etwas nicht stimmt", auch von außen sind diese Identifizierungen, wenn auch nicht als solche, bemerkbar. Klienten sprechen davon, eine Entwertung sei gewesen, mit einem so Ausgeschlossenen verglichen worden zu sein. „Du bist wie deine Tante." Wenn diese Annahme stimmt, so wird verständlich, warum bestimmte Gefühle nicht therapierbar sind: Sie gehörten dann zu einer anderen Person und sind nicht beim Klienten zu verändern, sondern nur über eine Bearbeitung im System.

Die Auswirkungen einer Identifizierung, ebenso wie einer anderen systemischen Verstrickung, sind Ereignisse oder Befindlichkeiten, die den Klienten hindern, sein eigentliches Leben zu leben. Sie können sich als psychosomatische Krankheiten oder psychische Störungen, vermutlich bis zur Psychose[234], zeigen, aber auch in Zuständen, die die Klienten als wesens- oder ichfremd erleben. Sie beschreiben dies mit Worten wie: „Es ist, als ob ich neben mir stünde." oder „Ich kann mir nicht erklären, was ich da gemacht habe." Als weitere Folge finden sich Beziehungsstörungen, da eine systemische Verstrickung oder auch unterbrochene Hinwendung die Bereitschaft oder/und die Fähigkeit zu einer dauerhaften Bindung beeinträchtigt. „Alle Anstrengungen, dem beizukommen, helfen nicht, wenn man nicht die Identifizierung erkennt und auflöst. Erst dann gibt es wieder eine neue gute Beziehung. In der Identifizierung lebt einer in einer fremden Welt und ist auch nicht ansprechbar. Er ist ja auch nicht die eigene Person, er ist eine fremde Person. Und er sieht auch nicht den Partner, sondern sieht eine fremde Person in dem Partner."[235]

Hellinger bietet durch seine Art der Aufstellung eine Möglichkeit, die Person zu erkennen, mit welcher der Klient identifiziert ist, und die Identifizierung aufzulösen. Innerhalb einer Aufstellung wird auf den Annahmen, die den Kreis der möglichen Identifikationsziele klar einschränkt, über die Aussagen zu Wahrnehmungen und Gefühlen schnell deutlich, um welche Person es sich handelt. Ebenso wie bei einer Nachfolge wird der Klient aufgefordert, einen der lösenden Sätze, die die Verstrickung deutlich formulieren, zu dieser Person zu sagen. Sinnvoll ist es, „[...] den Satz so oft wiederholen [zu] lassen, bis die geliebte Person als Gegenüber erkannt und trotz aller Liebe als vom eigenen Ich getrennt wahrgenommen und anerkannt wird. Sonst bleiben die Symbiose und die Identifizierung aufrechterhalten, und die heilende Unterscheidung und Trennung mißlingt."[236]

---

[234] Vgl. Hellinger, 1994, S. 430.
[235] Hellinger, 1994, S. 137.
[236] Hellinger, 1994, S. 374.

7.2.3.2. Nachfolge

Ist ein nahes Familienmitglied, ein Bruder oder ein Elternteil etwa, zu früh gestorben, sei es im Krieg gefallen, durch einen Unfall oder eine Krankheit, dann folgt ihm ein Geschwister oder Kind tendenziell nach ins Unglück oder in den Tod. Das kann durch reale Todesneigung wie Unfälle oder Suizidversuche sichtbar werden, oder auf symbolische Weise, indem die Person krank wird, also sich vom Leben wegwendet, oder die Möglichkeiten des eigenen Lebens nicht ausschöpft. Das Konzept des Todestriebes von Freud klingt wie eine frühe Version dieser Beschreibung, so als ob es ein „Trieb" sei, der sich gegen die Person selbst richte. „Die gefährlichen Todestriebe werden im Individuum auf verschiedene Weise behandelt, teils durch Mischung mit erotischen Komponenten unschädlich gemacht, teils als Aggression nach außen gelenkt, zum großen Teil setzen sie gewiß unbehindert ihre innere Arbeit fort."[237]

7.2.3.3. Übernahme

Steht ein Elternteil in der Nachfolge einer anderen Person, so übernimmt das Kind aus Loyalität den Ausgleich und das Schicksal, indem es dem unausgesprochenen, meist unbewußten Satz folgt: „Lieber gehe ich als du." Damit hilft das Kind das Schicksal der Eltern zu tragen. Ähnliches Verhalten im Sinne der Loyalität vom Kind gegenüber dem System findet sich in Familien, in denen die Eltern auseinandertendieren. Ein Kind wird krank, beginnt zu stehlen oder versagt in der Schule, was zur Folge hat, daß die Aufmerksamkeit beider Eltern auf diesen „Indexpatienten" gerichtet ist, der vordergründig ein Problem zeigt. Hintergründig ist er jedoch bereit, den Familienzusammenhalt auch auf Kosten des eigenen Wohlbefindens zu sichern.

---

[237] Freud, 1923b , S. 284. Und: „Es gibt Menschen, die in ihrem Leben ohne Korrektur immer die nämlichen Reaktionen zu ihrem Schaden wiederholen, oder die selbst von einem unerbittlichen Schicksal verfolgt scheinen, während doch eine genauere Untersuchung lehrt, daß sie sich dieses Schicksal unwissentlich selbst bereiten. Wir schreiben dann dem Wiederholungszwang den d ä m o n i s c h e n Charakter zu. [...] Erkennen wir in diesem Trieb die Selbstdestruktion [...] wieder, so dürfen wir diese als Ausdruck eines T o d e s t r i e b e s erfassen." (Freud 1932b, S. 114. Hervorhebung im Original.)

7.2.4. Unterbrochene Hinbewegung

Unterbrochene Hinbewegung ist ein emotionaler Rückzug des Kindes auf die wiederkehrende tiefe Enttäuschung hin, die Mutter oder den Vater gefühlsmäßig nicht zu erreichen. Dies kann durch realen Verlust eines Elternteils, durch Trennung von ihm oder eine gefühlsmäßige Abwesenheit ausgelöst werden. Wenn ein Elternteil selbst systemisch verstrickt ist und seine Lebenskraft für den Ausgleich in seinem Ursprungssystem einsetzt, so steht er für das Kind in seiner Elternfunktion nicht ausreichend zur Verfügung. Die Unterbrechung kann völlig unbeabsichtigt und gegen den Willen der Eltern geschehen. Muß z.B. das Kind im frühen Alter für längere Zeit ins Krankenhaus, und wird der Kontakt zwischen ihm und den Eltern somit unterbrochen, da sie das Kind nicht besuchen können, oder, wie es früher üblich war, nicht besuchen durften, so kann dies beim Kind zu einer unterbrochenen Hinwendung führen. Dasselbe gilt, wenn die Mutter erkrankt ist. Hingegen scheint diesem Ablauf entgegenzuwirken, wenn ein Elternteil den anderen mit Achtung und Würdigung repräsentiert, also von ihm liebevoll zum Kind spricht und von ihm erzählt.

Aus einer tiefen, ursprünglichen Liebe heraus, Hellinger nennt sie Urliebe oder primäre Liebe, ist das Kind bereit, alles für die Eltern zu tun. Wird sein Bestreben oder seine Zuwendung zurückgewiesen, nicht geachtet oder nicht erwidert, da Vater oder Mutter real oder emotional nicht anwesend sind, „[...] dann schlägt die Liebe um in Schmerz. Dieser Schmerz ist die andere Seite der Liebe. Er ist im Grunde genau das gleiche. Der Schmerz ist so groß, daß das Kind später nie mehr an ihn heranwill".[238] Das Kind stellt seine Versuche der Annäherung und Bereitschaft ein. Es weigert sich schließlich, weitere Versuche zu unternehmen, und schützt sich damit vor weiterer Verletzung. Die Klienten wollen dann möglichst wenig mit der Person der Verletzung, also ihrer Mutter oder ihrem Vater zu tun haben, sprechen schlecht von ihnen, brechen gar den Kontakt ab oder empfinden keinerlei positive oder negative Gefühle den Eltern gegenüber, was als „Verdrängung" zu werten wäre. Damit ist jedoch keine stabile Lösung erreicht, sondern eher ein Stocken, da, nach Hellinger, die Liebe zwischen Vater oder Mutter und Kind nicht mehr fließt.[239] In der Therapie kann dieser Fluß wiederhergestellt und

---

[238] Hellinger, 1994, S. 502
[239] Buber beschreibt in seinen „Reden über Erziehung" über die Bedeutung des Vertrauens des Kindes in die Anwesenheit des Erwachsenen: „Ich habe auf das Kind hingewiesen, das [...] der Ansprache der Mutter entgegenharrt. Aber manche Kinder brauchen nicht zu harren: weil sie sich unablässig angesprochen wissen, in einer nie abreißenden Zwiesprache. Im Angesicht der einsamen Nacht, die einzudringen droht, liegen sie bewahrt und behütet, unverwundbar im silbernen Panzerhemd des Vertrauens. Vertrauen, Vertrauen zur Welt, weil es diesen Menschen gibt - das ist das innerlichste Werk des erzieherischen Verhältnisses. Weil es diesen Menschen

so eine Anbindung an die vorhergehenden Generationen geschaffen werden. Damit wird der Klient frei von negativen Gefühlen seinen Eltern gegenüber, die umso stärker binden, je größer der Vorwurf, die Wut oder die Enttäuschung sind.

Boszormenyi-Nagy spricht vom Recht zu geben, das zu verletzen oder zu behindern für das Kind schwerwiegende Folgen hat. Er bezeichnet die der unterbrochenen Hinbewegung entsprechende Grundstruktur als *destructive entitlement*, was den erworbenen Anspruch auf Ausgleich oder Wiedergutmachen, seine Nichterfüllung und die schädigenden Folgen für andere und das Kind, den jetzigen Klienten, umschreibt.

7.2.5. Angst

Im Rahmen dieser Arbeit ist der Umgang mit Angst von besonderem Interesse. Hellinger stellt fest, daß Ängste biographisch begründet sind, sei es in einem Geburtstrauma oder durch eine unterbrochene Hinwendung. Wenn ein Kind seinen Vater oder seine Mutter verliert, so fühlt es keine Trauer, da es diesem tiefen Gefühl nicht gewachsen ist, sondern Wut. Da es jedoch in tiefer Loyalität an beide Eltern gebunden ist, verschiebt sich die Wut in Angst: Das Kind fürchtet sich vor der Wut und den unausgesprochenen Folgen davon, und bleibt bei der Angst als vordergründiger Wahrnehmung. Durch die Angst schützt sich das Kind und später der Erwachsene, an die tiefen schmerzhaften Gefühle seiner Trauer zu rühren. Eine Lösung für den Klienten ist, sich den Eltern wieder zuzuwenden, die nicht gelebten Gefühle zuzulassen und somit die Blockierung aufzulösen.[240]

Wenn dem Kind keine Beachtung und Würdigung seines Gebens entgegengebracht wird, wenn also Mutter oder Vater nicht die aktuelle Beziehung wahrnehmen, so liegt das möglicherweise daran, daß sie selbst in ihrem System verstrickt sind, z.B. jemandem aus ihrer Ursprungsfamilie nachfolgen. Das ist, als ob sie rückwärtig gebunden wären, so daß ihre Energie nicht in der Gegenwart oder zu den nachfolgenden Generationen fließen kann und sie als Beziehungspartner nicht zur Verfügung stehen. Auf diese Weise können Störungen durch die Generationen weitergegeben werden.

Nach Hellinger sind die Ursachen der Angst in der Biographie des Menschen zu suchen, nicht in einer systemischen Verstrickung. Eine Angstsymptomatik zeige sich vor dem Hintergrund einer unterbrochenen Hinbewegung. Diesen Zusam-

---

[240] gibt, ist gewiß in der Finsternis das Licht, im Schrecken das Heil und in der Stumpfheit der Mitlebenden die große Liebe verborgen." (Buber, 1953b, S. 39)
Die Gestalttherapie beschreibt diesen Vorgang mit den Worten, daß „eine Gestalt geschlossen" wird.

menhang hat bereits Freud 1932 in einer Vorlesung als neurotische Angst beschrieben. Der Impuls hin zur Mutter oder zum Vater ist demnach unterbrochen und kann so das Ziel nicht erreichen. „Die gewöhnlichste Ursache der Angstneurose ist die frustrane Erregung. Es wird eine libidinöse Erregung hervorgerufen, aber nicht befriedigt, nicht verwendet; an Stelle von dieser von ihrer Verwendung abgelenkten Libido tritt dann Ängstlichkeit auf. Ich glaubte mich sogar berechtigt zu sagen, diese unbefriedigte Libido verwandle sich direkt in Angst."[241]

Das Gefühl der Urliebe, das sich auf einen Elternteil bezieht, kann durch keinen anderen Zustand oder eine andere Person aufgehoben werden. Im Gegenteil: „Die Einsamkeit sowie das fremde Gesicht [einer anderen Person] erwecken die Sehnsucht nach der vertrauten Mutter; das Kind kann diese libidinöse Erregung nicht beherrschen, [...] sondern verwandelt sie in Angst."[242] Und: „Das, wovor man sich fürchtet, ist offenbar die eigene Libido. Der Unterschied von der Situation der Realangst liegt in zwei Punkten, daß die Gefahr eine innerliche ist anstatt einer äußeren und daß sie nicht bewußt erkannt wird."[243]

Freud arbeitete einen zweiten Mechanismus der Angstentstehung heraus, den Vorgang der Verdrängung. Dabei stellt er fest, daß die Angst zur Verdrängung führt, und nicht Verdrängung zu Angst.[244] „Wir meinen, wir können diesen [Mechanismus] vollständiger als vorhin beschreiben, wenn wir das Schicksal der zu verdrängenden Vorstellung von dem des ihr anhaftenden Libidobetrages gesondert halten. Es ist die Vorstellung, die die Verdrängung erfährt, eventuell zum Unkenntlichen entstellt wird; ihr Affektbetrag aber wird regelmäßig in Angst gewandelt, und zwar gleichgültig, von welcher Art er sein mag, ob Aggression oder Liebe."[245]

---

[241] Freud, 1932b, S. 89.
[242] Freud, 1932b, S. 89.
[243] Freud, 1932b, S. 90f.
[244] „Wie stellen wir uns jetzt den Vorgang einer Verdrängung unter dem Einfluß der Angst vor? Ich denke so: Das Ich merkt, daß die Befriedigung eines auftauchenden Triebanspruchs eine der wohl erinnerten Gefahrsituationen heraufbeschwören würde. [Den Verlust oder die Abwesenheit der Eltern und den damit verbundenen Schmerz.] Diese Triebbesetzung muß also irgendwie unterdrückt, aufgehoben, ohnmächtig gemacht werden. Wir wissen, diese Aufgabe gelingt dem Ich, wenn es stark ist und die betreffende Triebregung in seine Organisation einbezogen hat. Der Fall der Verdrängung ist aber der, daß die Triebregung noch dem Es angehört und das Ich sich schwach fühlt. Dann hilft sich das Ich durch eine Technik, die im Grunde mit der des normalen Denkens identisch ist. Das Denken ist ein probeweises Handeln mit kleinen Energiemengen [...]. Das Ich antizipiert also die Befriedigung der bedenklichen Triebregung und erlaubt ihr, die Unlustempfindungen zu Beginn der gefürchteten Gefahrsituation zu reproduzieren. Damit ist der Automatismus des Lust-Unlust-Prinzips ins Spiel gebracht, der nun die Verdrängung der gefährlichen Triebregung durchführt." (Freud, 1932b, S. 96)
[245] Freud, 1932b, S. 89f.

Diese Feststellung, der „Inhalt" des Gefühls sei ohne Bedeutung für die Stärke der Ausprägung, findet sich bei Hellinger in dem Gedanken, daß Aggression ein Zeichen der nicht erfüllten Hinwendung sein kann.

7.2.6. Gefühle

Die bereits früh formulierte Forderung von Freud an die Therapie lautet, daß verdrängte Inhalte erinnert, wiederholt und durchgearbeitet werden müssen.[246] Damit können früh gemachte emotionale Erfahrungen korrigiert und somit die Handlungen dem angemessen werden, was die aktuellen Anforderungen verlangen. Im Rahmen von Aufstellungen zeigt sich, daß Gefühle, die unterdrückt oder ausgeblendet waren, auftauchen und wieder gefühlt werden. Im Sinne einer systemischen Übernahme können das Gefühle sein, die zu einer anderen Person, auch aus einer anderen Generation, gehören.

Gerade Verluste jeglicher Art müssen betrauert werden, wenn eine seelische Reifung und eine psychologische Trennung stattfinden soll.[247] Oft bietet eine Aufstellung die Möglichkeit, diese Erlebnisse mit Hilfe von Rollenspielern ein erneutes Mal zu durchleben und somit der Trauer Raum zu geben. Doch auch andere Schwerpunkte helfen dem Klienten, sich aus der Verstrickung zu lösen. Ist die Familienrealität ans Licht gebracht, so kann der Therapeut „helfen, die eigenen familiären Umstände so anzunehmen, daß man die Vergangenheit als Schicksal nicht passiv hinnehmen muß, sondern ihre Dominanz in der Gegenwart aktiv verändern kann - Ziel ist also das revidierte Früher im Heute."[248]

Bert Hellinger unterscheidet drei Arten von Gefühlen, nämlich primäre, sekundäre und übernommene Gefühle. Er setzt sie als Kriterien für sein therapeutisches Vorgehen ein. Allem zugrunde liegt die Liebe, die das Kind für seine Eltern empfindet. Unbeeinflußt von den Beziehungen, Handlungen und Ereignissen ist diese ursprüngliche Liebe die Grundlage zwischen Kind und Eltern. Sie ist unumgänglich und wirkt, ob wir es erkennen und wollen oder nicht. In der Primärtherapie stehen die Gefühle und ihr intensiver Ausdruck im Mittelpunkt. Die Auseinandersetzung und die Begegnung mit den Gefühlen gaben Hellinger den Blick frei für den Zusammenhang zwischen den vordergründig angesprochenen und ausgelebten Gefühlen und den dahinterliegenden. „Im Laufe der Zeit habe ich gemerkt,

---

[246] Vgl. Freud, 1914.
[247] Vgl. Freud, 1910b.
[248] Massing et al., 1994, S. 27.

daß diese großen Gefühle, die da hochkommen, fast alle ein anderes Gefühl überdecken: nämlich eine Urliebe zur Mutter und zum Vater. Daß also Gefühle wie Wut und Zorn oder Trauer und Verzweiflung oft nur der Abwehr des Schmerzes dienen, der durch die Unterbrechung einer frühen Hinbewegung zur Mutter oder zum Vater entsteht."[249]

Dies sind sekundäre Gefühle, die an der Stelle eines primären Gefühles auftauchen. Sie sind der Situation nicht angemessen und hinterlassen im Klienten ein Gefühl von Schwäche, wie hilflose oder ohnmächtige Wut oder bodenlose, ausweglose Verzweiflung und Depression. Dies sind Gefühle, die sich im Rahmen von unterbrochener Hinwendung zeigen. Denn anstatt wieder auf die geliebten Personen zuzugehen, „[...] hält es [das Kind] sich lieber von ihnen fern und fühlt anstelle der Liebe Wut oder Verzweiflung und Trauer."[250] In kurztherapeutischer Stringenz geht Hellinger auf diese Gefühle nicht ein, da sie nach seinen Beobachtungen nicht den Kern treffen und der Lösung entgegenstehen: „Wenn man das weiß, kann man diese vordergründigen Gefühle lassen und gleich hingehen zur Liebe."[251]

Hellinger stellt die These auf, daß neurotische Störungen sich auf die Konstellation einer unterbrochenen Hinwendung zurückführen lassen. Die eigentlichen Gefühle werden nicht gelebt oder sind nicht zugänglich für den Klienten. Wie in der Theorie der Gestalttherapie muß die Gestalt geschlossen werden, damit eine Auflösung und ein Ende der Störung möglich wird. „Man führt den Klienten an den Punkt, an dem die Hinbewegung unterbrochen wurde, und nimmt diese dort wieder auf, entweder primärtherapeutisch oder im Rahmen des Familienstellens. So kommt die unterbrochene Liebe ans Ziel, und mit ihr kommt ein tiefer Friede. Vieles, was aus früher Verletzung entsteht, also Ängste, Zwänge, Phobien, Empfindlichkeit oder was wir sonst noch als neurotisches Verhalten kennen, hört dann auf."[252]

Hellingers Beschreibung von Gefühlen einer dritten Art, der übernommenen Gefühle, erlaubt einen klaren Blick auf systemische Verstrickungen. In einer Identifizierung geschieht es, „daß jemand, ohne daß er es weiß, von einer anderen Person deren Gefühle übernimmt und sie auf eine andere Person, die damit gar nichts zu tun hat, überträgt."[253] So werden aus einem systemischen Ungleichgewicht heraus ungelöste Beziehungen aus früheren Generationen in aktuelle Be-

---

[249] Hellinger, 1994, S. 501.
[250] Hellinger, 1994, S. 502.
[251] Hellinger, 1994, S. 502.
[252] Hellinger, 1994, S. 502.
[253] Hellinger, 1994, S. 500.

ziehungen übertragen. Dies alles geschieht im Dienste für das System, wobei der Ausgleich nicht zustande kommt und in dieser oder anderer Form an die nächste Generation weitergegeben wird.

„Die Grundmethode heißt: Lösung durch Liebe."[254]

7.3. Umsetzung in die Praxis[255]

Während Boszormenyi-Nagy auf das Verständnis eines jeden Familienmitgliedes für die Stellung der anderen im System, ihre Bedürfnisse, Verpflichtungen und Ansprüche achtet, ist die praktische Arbeit Hellingers darauf ausgerichtet, die Ordnung im System bildlich wiederherzustellen und dieses Bild der Ordnung dem Klienten als Lösung mitzugeben. Ivan Boszormenyi-Nagy arbeitet in den therapeutischen Sitzungen mit allen Familienmitgliedern die untereinander bestehenden Loyalitätsbindungen heraus. Über diese Vorgehensweise schreibt er, daß unbewußte Bindungen erst nach „längerer Bekanntschaft"[256] und damit einer langwierigen Anamneseerhebung und Untersuchung der Beziehungen zu erschließen sind. Denn um die Funktionen einer Gruppe zu verstehen, müsse man vor allem wissen, wer mit wem durch Loyalität verbunden ist und was Loyalität für die so Verbundenen bedeutet.

Bert Hellinger bezeichnet die Loyalitätsverpflichtungen im Rahmen seines Modells als „Übernahme und Identifikation". Für die Umsetzung seiner Hypothesen und Interventionen in die Praxis hat Hellinger mit der Technik der Aufstellung eine einfache, aussagekräftige und zeitlich klar begrenzte Form entwickelt. In einer Aufstellung werden die Verstrickungen in kurzer Zeit durch körperliche Darstellung räumlich und plastisch erkennbar. Auf dem Hintergrund der Annahme, daß die Positionierung der Rollenspieler das innere Bild des Klienten wiedergibt, das er vom Beziehungsgefüge seines Familiensystems in sich trägt, können aus der Aufstellung die zentralen Beziehungsaspekte erkannt und gedeutet werden. Daraus ergeben sich die nächsten Schritte der Interventionen.

7.3.1. Interventionen und Lösung

Die Interventionen leiten sich aus dem Modell ab, das durch Regeln beschrieben ist und den daraus folgenden Implikationen. Zu den Regeln gehören das Einhalten der Ordnungen, nämlich die zeitliche Ordnung und Rangfolge, die Achtung

---

[254] Hellinger, 1994, S. 234. Kursiv im Original.
[255] Ich beziehe mich auf die Veröffentlichungen von Weber (1993) und Hellinger (1994, 1995) und ein unveröffentlichtes Transkript eines Workshops (1994).
[256] Vgl. Boszormenyi-Nagy et al., 1981.

und Anerkennung der Zugehörigkeit zum System, das Aussprechen von Tabus und Geheimnissen, der Ausgleich und die Würdigung geleisteter Handlungen. Innerhalb einer Aufstellung geschieht die Umsetzung dieser Regeln durch Umstellen der Rollenspieler in die äußerlich sichtbare Reihenfolge, durch Aussprechen von lösenden Sätzen, die diese Inhalte berücksichtigen, oder Handlungen und Gesten, die diese ausdrücken. Lösende Sätze beziehen sich auf die Tatsachen oder auf die zugrundeliegende Struktur. So kann eine Klientin zu ihrem Vater sagen: „Du bist mein Vater und ich bin deine Tochter." Oder das Kind sagt zur Mutter: „Aus Liebe zu dir habe ich es getan." Handlungen und Gesten sind z.B. eine Verneigung vor einem bisher nicht geachteten Familienmitglied, um ihm die „Ehre zu erweisen". Auf diese Weise wird es möglich, übernommene Aufgaben zurückzugeben oder die Identifikation mit einer Person aus einer früheren Generation aufzulösen.

Um die Ordnung einhalten zu können, müssen alle dazugehörigen Personen bekannt sein und benannt werden. Die erfragten Informationen nach ausgeschlossenen Familienmitgliedern, die zu früh gestorben sind und daher als unwichtig betrachtet oder vergessen wurden, kommen in der Praxis zum Tragen. Für sie stellt der Klient Personen auf, die den ihnen zustehenden Platz einnehmen. So ordnet z.B. der Therapeut die Geschwisterreihe, indem er die Kinder der Reihe nach aufstellt. Oder frühere Partner der Eltern bekommen ihren Platz im Blickfeld aller. Diese Veränderungen rufen unter den Rollenspielern oft große Erleichterung hervor. Sie belegen das mit der Aussage, daß es „jetzt besser stimmt".

Versucht wird, eine Konstellation herbeizuführen, in der alle Rollenspieler sich wohl fühlen oder, falls dies nicht zu erreichen ist, zumindest einen besseren Platz im System bekommen. Durch ihre Aussagen zur körperlichen Befindlichkeit hat der Therapeut ein konkretes Mittel, sofort Rückmeldung über die Auswirkungen seiner Intervention zu erhalten. Dies ist ein überraschendes Phänomen, das sich durch alle Aufstellungen hindurch als konstant und zuverlässig erweist. Für Hellinger ist daran zu erkennen, „daß es ein unmittelbares Wissen und Fühlen gibt, das über das, was uns vermittelt wird, weit hinausgeht."[257]

Die Größe des Systems und die ihm angehörigen Personen sind durch ihre Beziehungen und ihre Bedeutung füreinander genau umschrieben. In der Regel gehören zu dem Ursprungssystem[258], das aufgestellt wird, der Klient, also das Kind,

---

[257] Hellinger, 1994, S. 505.
[258] In manchen Aufstellungen wird mit dem Gegenwartssystem gearbeitet oder zumindest begonnen. Das geschieht vor allem, wenn die Kinder des Klienten betroffen sind, oder aber wenn beide Partner mit Problemen die Therapie aufsuchen. Die Aufstellung des aktuellen Systems gibt Hinweise auf die Art der Verstrickung und in welcher der beiden Ursprungsfamilien die akute Problematik zu finden ist.

seine Geschwister und Halbgeschwister, auch wenn sie totgeboren oder bereits gestorben sind; seine Eltern mit Geschwistern und Halbgeschwistern, ebenfalls die totgeborenen und bereits verstorbenen; die Großeltern und manchmal ein Geschwister, falls es eine besondere Bedeutung hat, also sehr früh gestorben, ausgeschlossen o.ä. ist; selten einer aus der Generation der Urgroßeltern, und alle, die für einen von diesen Platz gemacht haben.[259]

Nicht alle jedoch werden aufgestellt. Hellinger empfiehlt, „*nie mehr Personen auf[zu]stellen, als man zur Lösung braucht. Nicht das ganze System [...], weil das sofort verwirrt.*"[260] Um die Aufstellung übersichtlich zu halten, reduziert er die Anzahl der Personen auf die Kernfamilie, also Kinder, wobei die totgeborenen und gestorbenen auf jeden Fall dazugehören, und die beiden Eltern. Darüberhinaus kommen die Personen hinzu, die im System eine Rolle spielen, die auf den ersten Blick nicht unbedingt erkennbar ist, jedoch eine Verstrickung, etwa eine Identifizierung oder Nachfolge, vermuten lassen. „Von den bisher Genannten sind jene besonders wichtig, die ein schlimmes Schicksal hatten oder denen von Mitgliedern des Systems unrecht getan wurde, zum Beispiel beim Erbe, oder die ausgeschlossen wurden oder weggegeben, verachtet oder vergessen."[261]

Die wichtigsten Personen im Rahmen dieser Betrachtungsweise sind allerdings all jene, die anderen im System Platz gemacht haben. Das ist z.B. ein früherer Partner von einem Elternteil oder eines der Großeltern, sei es eine frühere Verlobte oder früherer Ehepartner. Auch der fehlende Elternteil eines Halbgeschwisters gehört dazu. Dabei spielt keine Rolle, ob die Person noch lebt oder nicht. „Ferner alle, aus deren Nachteil oder Verlust jemand im System einen Vorteil zog. Ein Beispiel ist, daß jemand etwas geerbt hat, weil ein anderer früh verstarb oder enterbt wurde. Und es gehören alle dazu, die für jemanden im System zu seinem Vorteil mitgewirkt haben und denen dann Unrecht geschah [...]"[262] und „[...] deren Weggang oder Unglück anderen den Zugang zu dieser Gruppe eröffnet oder ihnen sonst einen Vorteil verschafft hat."[263]

Am Ende einer Aufstellung wird der Klient mit einem Lösungsbild anstelle seines Problembildes konfrontiert. Soweit möglich, wird der Ausgleich des Gefälles, das durch die Generationen gehen kann, geschaffen. Der Klient findet den ihm angemessenen Platz im System. Er kann sich mit seinen Eltern und damit, in größerem

---

[259] Vgl. Hellinger, 1994, S. 103f. und S. 367.
[260] Hellinger, 1994, S. 451. Kursiv im Original.
[261] Hellinger, 1994, S. 103.
[262] Hellinger, 1994, S. 103.
[263] Hellinger, 1994, S. 367.

Rahmen, mit seinem Schicksal versöhnen. Wenn es möglich ist, die elterliche Stellung in deren Ursprungssystem, ihre eigene Verstrickung und ihr Schicksal zu sehen, relativiert sich die Sicht der eigenen Probleme und die Einstellung den Eltern gegenüber.

Praktischer Teil

> Es ist unmöglich, nur beobachtbare Größen in eine Theorie aufzunehmen.
> Es ist vielmehr die Theorie, die entscheidet, was man beobachten kann.
>
> Einstein im Gespräch mit Heisenberg[264]

1. Einleitung

Bei einer Aufstellung werden im Verlauf der Sitzung auf der digitalen und auf der analogen Ebene Informationen erhoben. (Vgl. Kap. 3.9. im Theoretischen Teil, S. 41ff.) Im explorierenden Gespräch gibt der Klient auf der kognitiven Ebene Informationen, die seinem bewußten Denken zugänglich sind. Sie werden sprachlich, das heißt digital vermittelt. Dies sind Informationen zu Fakten und Ereignissen innerhalb seines Systems. Ausdrücklich handelt es sich nicht um Interpretationen, Gefühle oder Beschreibungen von Personen und ihren Eigenschaften.[265] Damit wird versucht, den Klienten auf der kognitiv-digitalen Ebene zu halten, die im Kontrast steht zur bildhaft-analogen Ebene der Aufstellung selbst.

Oft gibt der Klient mehrere Hinweise auf mögliche systemische Verstrickungen, denen gleiches Gewicht zugewiesen werden kann, so daß die ersten Annahmen des Therapeuten über die systemische Konstellation ein breites Spektrum umfassen können. Durch weitere Informationsgewinnung werden die Möglichkeiten so lange eingeschränkt, bis ein Thema klar fokussiert ist.

Die zweite Form der Informationsübermittlung, die bildhaft-analoge, findet durch die Darstellung des Familiensystems durch den Klienten statt. Diese Informationen entspringen einer unbewußten Ebene und legen strukturelle Zusammenhänge offen. In der Praxis zeigt sich, daß durch eine Aufstellung Informationen zutage treten, die über die des Gespräches hinausführen und genaue Hinweise auf die Konstellation einer systemischen Verstrickung geben können. So ergeben sich meist zusätzliche Informationen, die die ersten Annahmen bestätigen oder andere Konstellationen in den Vordergrund rücken.

Der Therapeut erfährt über die aufgestellte Konstellation erste bildhafte Hinweise über die Struktur des Systems. In der Einzelarbeit kann er im weiteren Verlauf

---

[264] Zit. nach Watzlawick, 1981, S. 97.
[265] Vgl. Hellinger, 1994.

über Aussagen des Klienten zu seinem Befinden in den verschiedenen Rollen und in der Gruppe über die Aussagen der Darsteller der Familienmitglieder die Struktur der systemischen Verstrickungen erschließen. Diese Hinweise leiten den Therapeuten, der daraus den nächsten Schritt für den therapeutischen Prozeß entwickelt.

Wenn ein Klient die Aufstellung seines Familiensystems ausführt, weiß er nicht, welche Informationen er gibt. Sofern er sich auf sein Gefühl verläßt, wenn er die Personen oder Blätter im Raum plaziert, steht ihm dabei keine bewußte Kontrollinstanz zur Verfügung, die eine Auswahl der Informationen trifft. Im Gespräch hingegen kann er aus einer bewußten Entscheidung heraus Informationen geben oder zurückhalten. Er liefert daher durch die Kommunikation auf analoger Ebene ein unverfälschteres Bild über eine mögliche Verstrickung und deren relevante Fakten.

Die Arbeit mit der Aufstellung kann somit für den Therapeuten ein Mittel darstellen, sicherer und schneller Entscheidungen für das weitere Vorgehen zu treffen. Interventionen lassen sich sofort überprüfen, ihr Zutreffen sich verifizieren und falsifizieren, was im Gespräch und auf rationaler Ebene in diesem Umfang und dieser Präzision nicht möglich ist.

Die psychotherapeutische Methode der Familienaufstellung wurde noch wenig wissenschaftlich untersucht. Die empirischen Beobachtungen von Boszormenyi-Nagy und Hellinger haben ein Modell hervorgebracht, das sich in der Praxis bewährt. Um dieser Therapieform und dem zugrundeliegenden theoretischen Konzept eine wissenschaftliche Basis zu geben, ist es notwendig, die Annahmen wissenschaftlich zu untersuchen. Wünschenswert sind Ergebnisse, die den jetzigen Stand der Erfahrungen absichern und möglicherweise eine Weiterentwicklung des Konzepts fördern. Ein erstes Anliegen ist die Bestätigung der Grundannahmen im experimentellen Setting, weitere Schritte sind Langzeituntersuchungen, die einen Transfer der Therapieinhalte in den Alltag und mögliche Veränderungen der Klienten verfolgen. Durch Untersuchungen werden sich auch bestimmte methodische Vorgehensweisen bewähren oder Veränderungen im Forschungsdesign notwendig machen.[266]

---

[266] Von Interesse ist die Entwicklung eines Frageninventars, das die systemisch relevanten Aspekte systematisch erfaßt.

2. Fragestellung

Die im Rahmen einer Sitzung durchgeführten Einzelaufstellungen wurden auf folgende Fragen hin untersucht und ausgewertet:

Welche Hinweise auf eine systemische Verstrickung und eine unterbrochene Hinbewegung finden sich im explorierenden Gespräch?

Welche Hinweise auf eine systemische Verstrickung und eine unterbrochene Hinbewegung finden sich im ersten Bild der Aufstellung?

Wie können diese Hinweise therapeutisch genutzt werden?

Zu welchen Ergebnissen für den Klienten führen diese Interventionen?

> Was ihr nicht tastet, steht euch meilenfern,
> Was ihr nicht faßt, das fehlt euch ganz und gar,
> Was ihr nicht rechnet, glaubt ihr, sei nicht wahr,
> Was ihr nicht wägt, hat für euch kein Gewicht,
> Was ihr nicht münzt, das, meint ihr, gelte nicht!
>
> Goethe, Faust[267]

3. Forschungsdesign

3.1. Überblick

Die Sitzungen habe ich in Einzelarbeit mit Klienten des Projekts „Gestalttherapie bei Angststörungen" des Lehrstuhles von Professor Willi Butollo für Klinische Psychologie der Ludwig-Maximilians-Universität München durchgeführt. Die Teilnahme am Projekt beinhaltete Gruppentherapie und begleitend dazu Einzelsitzungen mit in-vivo-Konfrontationen, denen ein Entspannungstraining vorausging.

Darüber hinaus sah ich die Klienten nach einer telefonischen Terminabsprache lediglich einmal zu einer Sitzung von ca. 45 - 90 Minuten Dauer. Jede Sitzung beinhaltete

eine kurze **Darlegung des Ablaufs** zur Orientierung des Klienten,

ein **explorierendes Gespräch** zur Familie, in dem nach den dazugehörigen Personen und nach im Forschungszusammenhang relevanten Fakten gefragt wurde,

eine Phase mit körperlicher **Entspannung**,

und eine **Einzelaufstellung**.

Die Sitzungen wurden mit Video oder Audio und Fotographien dokumentiert. Die Daten wurden aus den Aussagen des Klienten während des Gespräches und der Aufstellung gewonnen. Dafür wurden die Videos und die Audioaufnahmen transkribiert. Zur Auswertung wurden die Transkripte und Fotographien nach Hinweisen untersucht und die Informationen aus den Sitzungen den entsprechenden Kategorien zugeordnet.

---

[267] Johann Wolfgang von Goethe, Faust, Zweiter Teil, 1. Akt, 4918 - 4923.

3.2. Methoden

Um dem Prozeßgeschehen der therapeutischen Sitzungen gerecht zu werden, richtet sich diese Arbeit an den Methoden qualitativer Forschung aus. Die einzelnen Falldarstellungen beinhalten unterschiedliche Aspekte, die den Biographien und Familiengeschichten entspringen, und daher ganz individulle Konstellationen aufweisen. In einem quantitativen Rahmen sind diese Aspekte schwerlich zu fassen. Qualitative Forschung hingegen kann die Inhalte ausreichend berücksichtigen.

3.2.1. Qualitative Forschung

In der Psychotherapieforschung haben sich zwei Richtungen etabliert, die beide nebeneinander bestehen. Zum einen kommt aus der Tradition der Analytiker die Kasuistik, eine detaillierte Falldarstellung, die die Darstellungsweise von Fallberichten des Begründers der Psychoanalyse, Sigmund Freud, nachvollzieht. Eine Krankengeschichte wird zur Begründung theoretischer Schlußfolgerungen herangezogen. Die genaue Ausarbeitung hilft, die individuelle Lebensgeschichte dieses Menschen zu begleiten und zu verfolgen. Auf der anderen Seite findet sich die empirisch-quantifizierende Forschungstradition, die eher der Verhaltenstherapie zugerechnet wird. Sie untersucht die Zusammenhänge der Wirkungsgefüge, wobei die Psychologie, im Versuch sich als Wissenschaft zu etablieren, die Forderungen der naturwissenschaftlichen Forschung auch in die Sozialwissenschaften übernommen hat.[268]

Beide Forschungsrichtungen haben Vorzüge und Nachteile. Die kasuistische Darstellungsform kann, ebenso wie die quantifizierende Forschung, nur eine Auswahl von Daten bieten. Welche Informationen aufgenommen werden, ist abhängig vom Beobachter, der, selbst theoriegeleitet, die Aussagen herausgreift, die im Sinne seiner Beobachtung stehen.[269] Die grundlegende Forderung an wissenschaftliches Vorgehen ist, daß Kriterien so definiert sein müssen, daß sie zu falsifizieren sind.[270] Dies wird in einer Falldarstellung nicht berücksichtigt. Daher ist es nicht zulässig, diese Form der Forschung als Beweis theoretischer Annahmen zu verwenden. Auf der anderen Seite bietet die Kasuistik eine Fülle wichtiger Daten, die nicht aus methodischen Gründen dem wissenschaftlichen Zugang entzogen werden können. Faller (1994) schlägt daher vor, Fallgeschichten zur Hypothesen-

---

[268] Vgl. Faller, 1994; Chalmers, 1994.
[269] Vgl. Chalmers, 1994.
[270] Warren McCulloch, einer der ersten Kybernetiker, schreibt: „Eine Hypothese als falsch erwiesen zu haben, ist der Höhepunkt des Wissens." (1965, S. 154)

generierung und nicht zur Hypothesenprüfung einzusetzen, da sie unterschiedlichen forschungslogischen Phasen zuzuordnen sind.

Quantitativ ausgerichtete empirische Forschung muß, um vorweisbare Ergebnisse zu erreichen, klar umrissene Einzelkategorien schaffen, in die ein komplexer Gegenstand oder eine komplexe Aussage eingeordnet wird. Solange diese Vorgehensweise mechanistisch strukturierte Forschungsobjekte umfaßt, wie sie in den Naturwissenschaften vorliegen, ist sie wirkungsvoll und sinnvoll.[271] In den Sozialwissenschaften, wo soziale Gefüge oder die menschliche Psyche Inhalt der Forschung sind, läuft sie Gefahr, dem Forschungsgegenstand nicht mehr gerecht zu werden. Daraus entsteht die Forderung nach einem Forschungsdesign, das den Anforderungen beider Traditionen gerecht wird, also empirisch falsifizierbar vorgeht, ohne die inhaltlichen Aspekte zu sehr zu reduzieren.[272]

Die qualitative Forschung ist der Versuch, diese Forderungen zu berücksichtigen. Sie vollzieht eine Hinwendung zum psychotherapeutischen Prozeß und nimmt eine Beschreibung und Strukturierung des Materials vor. Das klassische Reiz-Reaktions-Modell als Forschungsmodell wird verlassen und im Rahmen qualitativer Forschungsarbeit wird versucht, komplexe Kategorien zu entwickeln, die den Forschungsgegenstand und seine innere Struktur inhaltlich verdeutlichen und nicht nur formal klassifizieren.[273] Als Einzelfallforschung beschreibt, interpretiert und erklärt sie, was in einer Psychotherapie vor sich geht.[274] Die qualitative Forschung kann daher als Grundlagenforschung angesehen werden.[275]

Es bestehen grundlegende Unterschiede zwischen der quantitativ und der qualitativ angelegten Forschung. Zur Datenerhebung und Auswertung verwendet die quantitative Forschung metrische Begriffe, die qualitative Forschung hingegen nicht.[276] Während die erstere ihre erreichten Daten auf Skalen von Ordinal-, Intervall- oder Verhältnisskalenniveau einordnet, arbeitet die zweitere allein mit Nominalskalen, um das Material zu klassifizieren.[277] Der dritte Unterschied liegt im Wissenschaftsverständnis: quantitative Forschung trifft über einzelne Variablen, die an repräsentativen Stichproben exakt gemessen werden, wissenschaftliche

---

[271] Auch in der Naturwissenschaft zeigt sich die Beschränkung dieses Vorgehens. Alles ist eingebunden in ein größeres System, das auf jedes Element einwirkt.

[272] Nach Husserl „[...] ist die experimentelle Psychologie eine Methode, [...] ev. wertvolle psychophysische Tatsachen und Regelungen festzustellen, die aber ohne systematische, das Psychische immanent erforschende Bewußtseinswissenschaft jeder Möglichkeit tieferen Verständnisses und endgültiger wissenschaftlicher Verwertung entbehren." (Husserl, 1981, S. 24)

[273] Vgl. Friczewski, 1985.

[274] Vgl. Kroschel, 1992.

[275] Vgl. Grawe, 1988.

[276] Vgl. Stegmüller, 1970.

[277] Vgl. Mayring, 1985.

Aussagen; qualitative Forschung geht verstehend und interpretierend an die Komplexität eines Falles heran.[278]

Die quantitative und die qualitative Vorgehensweise schließen sich jedoch gegenseitig nicht aus, sondern stellen zwei unterschiedliche, sich ergänzende Momente einer im Grunde einheitlichen Methode dar,[279] und decken gemeinsam das Spektrum der wissenschaftlichen Untersuchungen ab. Bereits im letzten Jahrhundert bemerkte Hegel zur Einseitigkeit der wissenschaftlichen Erkenntnissuche: „Es muß übrigens [...] gerade für eine exakte und gründliche Erkenntnis als eines der störendsten Vorurteile bezeichnet werden, wenn, wie dies häufig geschieht, aller Unterschied und alle Bestimmtheit des Gegenständlichen bloß im Quantitativen gesucht wird."[280]

Und Kurt Lewin wies 1912 in einem Aufsatz über „Erhaltung, Identität und Veränderung in Physik und Psychologie" auf den Scheingegensatz beider Forschungsmethoden hin: „Zur Bestimmung der Quantität eines Objektes ist immer auch das *Quale* anzugeben, dessen Quantum bei diesem Objekt bestimmt werden soll. Denn die Quantität eines Objektes ist verscheiden auch je nachdem, worauf sich bei ihm der quantitative Vergleich erstreckt."[281] Und daher ergibt die Quantität eines Objektes „[...] ohne die - ausdrückliche oder stillschweigende - Bezeichnung eines *Quale*, auf das sich die Vergleichung erstrecken soll, ebensowenig Sinn wie die ausbleibende Angabe eines Vergleichsobjektes."[282] Der erste Schritt einer Untersuchung ist qualitativer Art. Er beinhaltet die Gestaltung der Fragestellung, der Begriffs- und Kategorienfindung und des Analyseinstrumentariums. Danach kann eine quantitativ oder qualitativ ausgerichtete Anwendung dieses Instrumentariums, u.U. unter Zuhilfenahme quantitativer Verfahren, erfolgen. Die Wahl ist abhängig von Gegenstand und Ziel der Forschung. Der Rückbezug der Ergebnisse auf die Fragestellung und die Interpretation ist in jedem Falle ein qualitatives Vorgehen.[283]

Auch Alberti (1994) stellt den Unterschied zwischen qualitativer und quantitativer Methodik als einen graduellen, und nicht grundsätzlichen dar. Der qualitativ arbeitende Forscher stellt die Kategorien für die Codierung der Daten aufgrund seiner Operationalisierung auf, die seinen theoretischen Vorstellungen entspringen. Die quantitative Forschung hingegen stellt zuerst Kategorien auf, deren Ergebnisse

---

[278] Vgl. Köckeis-Stangl, 1980.
[279] Vgl. Friczewski, 1985; Kleining, 1982.
[280] Hegel, 1830, § 99.
[281] Lewin, 1981, S. 97.
[282] Lewin, 1981, S. 97.
[283] Vgl. Mayring, 1983, 1985.

der Interpretation dienen. In der quantitativen Forschung erfolgt die hermeneutische Arbeit, also das Auslegen und Erklären, zu einem späteren Zeitpunkt, während der qualitative Forscher die interpretative Arbeit bereits bei der Herstellung der Kategorien vollzieht.

3.3. Ablauf einer Sitzung

3.3.1. Darlegung des Ablaufs zur Orientierung des Klienten

Der erste Teil des Gespächs diente dem Aufbau des Rapports zwischen dem Klienten und der Therapeutin. Zugleich wurde dem Klienten der Ablauf der Sitzung erläutert. Er hatte die Möglichkeit, Fragen zur Methode o.ä. zu stellen. Auch wurde er darauf hingewiesen, daß im Rahmen der Rollenübernahme der Erfahrung nach zum Teil heftige körperliche Reaktionen auftauchen können, ebenso Gefühle und Phantasien, die der Person zuzuschreiben sind, die dargestellt wird. Die Möglichkeit stünde ihm offen, zu jedem Zeitpunkt die übernommene Rolle zu verlassen, wenn er das Gefühl habe, daß die Aufgabe ihn überfordere oder seine Angstsymptomatik sich entfalte. Davon machte jedoch keiner der Teilnehmer in dieser expliziten Form Gebrauch.

3.3.2. Explorierendes Gespräch

Im Gespräch, das der Aufstellung vorausging, wurden die Klienten zu ihrer Familienkonstellation befragt. Vor dem Forschungshintergrund wurden folgende Fragen gestellt:

Wer gehört zur Ursprungsfamilie? Gab es frühere Partner der Eltern, Verlobte oder Ehepartner? Gibt es tote oder totgeborene Kinder in der Geschwisterreihe? Finden sich schwere Krankheiten in der Familie? Gibt es früh Gestorbene? Ausgeschlossene, Geheimnisse, Legenden oder Tabus? Tragische Schicksale oder Verlust? Andere wichtige Ereignisse?

Von den genannten Personen wurden, entsprechend den bisherigen Erfahrungen und den darauf basierenden Konzepten zur Vorgehensweise, jene wichtigen ausgewählt, die aufgestellt werden sollten. Da es aus Gründen der Kapazität des Klienten sinnvoll ist, die Menge der Informationen auf das Notwendigste zu reduzieren, wurde die Zahl der Personen aufs erste möglichst auf die Eltern und die Geschwister eingeschränkt und die Informationen über die anderen genannten Personen bis auf weiteres in den Hintergrund gerückt. Sollten sich die Informationen über die Grundfamilie als nicht ausreichend erweisen, so kann der Therapeut den Kreis der Personen erweitern.[284]

3.3.3. Körperliche Entspannung und Evozierung der zum System gehörigen Personen

Daraufhin wurde der Klient gebeten, eine bequeme Haltung einzunehmen, um den Anleitungen der Therapeutin zu einer Übung zur körperlichen Entspannung zu folgen. Diese Übungen waren den Klienten zum Teil bekannt, da sie innerhalb der Projektgruppe neben Gruppensitzungen auch an Einzeltherapie teilnahmen. Dort erlernten sie Entspannung nach Jacobson. Die Durchführung einer Entspannung geschah in der Absicht, durch ein bereits aus anderen Sitzungen vertrautes Element den Zugang zu einem therapeutischen Setting mit einer ihnen nicht bekannten Therapeutin zu erleichtern. Es handelt sich um eine etwas abgewandelte Form der Entspannung nach Jacobson, die mit der Vorstellung einer Reise durch den Körper arbeitet. Diese Methode hilft, die Aufmerksamkeit auf das aktuelle Geschehen zu richten, fördert die Intuition[285] und die Fokussierung auf eine ganzheitliche, d.h. linkshemisphärische Verarbeitung. Da die Aufstellung eine Arbeit ist, die durch tranceartige Zustände gefördert wird, ist Körperentspannung eine geeignete Vorbereitung.

3.3.4. Kennzeichnen der Blätter

Noch im Rahmen der Entspannung erhielten die Klienten die Aufforderung, der Reihe nach die zum System gehörigen Personen vor ihrem „inneren Auge" erscheinen zu lassen; und zusammen mit ihnen etwas, was sie kennzeichnen könnte. Das könne ein Bild, eine Farbe, eine Form, ein Symbol oder auch ein Wort oder ein Satz sein. Am Ende der Entspannung erhielten die Klienten weiße Blätter in der Größe DIN A 4 und verschiedenfarbige Wachskreiden, um damit ein „Bild" eines jeden Familienmitgliedes zu schaffen. Diese Bilder dienten zur Repräsentation der systemzugehörigen Personen innerhalb der Aufstellung.

---

[284] Vgl. Hellinger, 1994, S. 41f.
[285] S. Cohn, 1988, S. 134-144, Training der Intuition.

3.3.5. Einzelaufstellung

Die Aufstellung als Einzelarbeit beinhaltet drei Phasen: erstens die „Aufstellung" selbst, das heißt das Auslegen der Blätter im Raum als Wiedergabe des inneren Bildes des Klienten, als zweites das Idealbild, das der Therapeut vorschlägt, und drittens Interventionen in Richtung auf ein Lösungsbild. Am Ende jeder dieser Phasen stellte sich der Klient auf die Metaposition, um das Bild und das Erfahrene zu kommentieren.

3.3.5.1. Aufstellung

Der Klient verteilte diese Blätter nacheinander so im Raum auf dem Boden, daß er sich später darauf stellen konnte. Ein weißes Blatt diente als Metaposition, von der aus der Klient von außen auf das dargestellte Familiensystem blicken konnte, und so nicht mehr die Darsteller-, sondern die Zuschauerposition einnahm. Der Klient wurde aufgefordert, sich der Ordnung des Systems folgend auf jedes Blatt zu stellen und auf körperliche Wahrnehmungen, Gedanken, Bilder und evtl. auf Phantasien über die Beziehungen einer jeden Person zu den anderen zu achten, die in ihm auftauchten. Wenn der Klient zu sehr ins Kognitive oder Spekulative ging, wurde er aufgefordert, seine körperliche Wahrnehumg an der jeweiligen Stelle genau zu beschreiben. Der Klient stellte sich am Ende auf die Metaposition, von wo er die Wiedergabe der „Idealaufstellung" beobachten und kommentieren konnte.

3.3.5.2. Idealaufstellung

Die Therapeutin legte eine hypothetische „Idealaufstellung" als Vorschlag aus. Dies bedeutet eine Trennung der Generationen und eine Ordnung der Personen einer Generation nach der Dauer ihrer Zugehörigkeit, z.B. die Ordnung der Geschwisterreihe nach Alter. Die vormals ausgeschlossenen Personen erhalten einen Platz im Blickfeld aller anderen. Bei der Gestaltung wurde nach Möglichkeit die Ausrichtung der Blätter wenig verändert, oder die Familie um den Vater als Fixpunkt neu gruppiert. Der Klient begab sich nun erneut der Reihe nach in die Rolle der Personen und berichtete seine Wahrnehmungen. Daraus ließ sich erkennen, welche Verbesserungen sich bereits ergeben hatten, und wo noch weitere Interventionen notwendig waren.

3.3.5.3. Interventionen

Als Interventionen bieten sich, wie in einer Aufstellung in der Gruppe, Veränderungen in der Stellung des Klienten oder einer anderen Person an, also mehr Nähe oder Distanz oder eine Verschiebung des Winkels. Es können weitere, vorhergenannte Personen hinzukommen, oder die Beziehungen zwischen den Personen werden dadurch verändert, daß lösende Sätze gesagt werden. Diese Sätze benennen die Ordnung, die Form der Beziehung oder Fakten, oder erweisen einer anderen Person Achtung.[286]

3.3.5.4. Lösungsbild oder Endbild

Diese Interventionen dienen dazu, ein Lösungsbild herbeizuführen, an dem es allen Systemzugehörigen besser oder gut geht. Wo dies nicht möglich war, diente das Bild dazu, Verstrickungen sichtbar zu machen und/oder Tendenzen einer weiteren Entwicklungsmöglichkeit für den Klienten aufzuzeigen. Dem Klienten wurde angeboten, dieses Lösungsbild mit sich zu nehmen, und es sich immer wieder vor Augen zu rufen.

---

[286] Zur detaillerten Darstellung von Interventionen vgl. Hellinger, 1993, 1994, 1995.

> „ [...] sobald man sagt: Man muß wissen, was gut ist,
> ist es schon falsch ausgedrückt. Man muß *fühlen*, was gut ist.
> Die Entscheidung liegt immer im eigenen Gefühl.
> Keine Theorie kann Sie davor bewahren
> oder Ihnen die Entscheidung ersparen."
>
> Ernst von Glasersfeld[287]

3.4. Auswertung

Die Transkripte wurden nach den folgenden Kategorien untersucht und die Inhalte zugeordnet. Dadurch wird der kognitive Prozeß des Therapeuten deutlich gemacht, der das explorierende Gespräch und den Ablauf der Aufstellung begleitet.

3.4.1. Struktur der Auswertung

3.4.1.1. Hinweise auf eine systemische Verstrickung im explorierenden Gespräch

Aus den Aussagen des Klienten wurden die im Kriterienkatalog festgehaltenen Hinweise auf eine mögliche systemische Verstrickung ausgewählt. Sie dienen als Basis für erste Annahmen über die Struktur des Systems und seine Verstrickungen. Manche Informationen gehen über die festgelegten Kriterien hinaus und sind dennoch im systemischen Gefüge von Bedeutung. Sie werden im Einzelfall diskutiert.

3.4.1.2. Erste Annahmen

Auf der Grundlage dieser Hinweise wurden erste Annahmen formuliert, welche systemischen Verstrickungen auf den Klienten oder die Klientin zutreffen könnten und welche die relevanten Personen im System sind. Sofern die Entscheidung nicht aus den Erklärungen im Kriterienkatalog zur Auswahl der Kriterien ersichtlich ist, folgt eine kurze Begründung. Da der Klient häufig mehrere Kriterien nennt,

---

[287] Von Glasersfeld, in: Schmidt, 1987, S. 430.

wählt der Therapeut eines oder zwei aus, die im weiteren Verlauf fokussiert werden. Durch weitere Hinweise ergibt sich eine Bestätigung der Annahmen, oder andere, bedeutsamere Hinweise treten in den Vordergrund.

3.4.1.3. Aufstellung

Die in der Aufstellung sichtbaren Strukturen werden beschrieben und die Aussagen des Klienten in den verschiedenen Rollen zitiert, sofern sie Informationen beinhalten, die für den Ablauf des therapeutischen Prozesses und die Entscheidung des Therapeuten von Bedeutung sind. Um die Menge der Informationen überschaubar zu halten und den Entscheidungsablauf deutlich darlegen zu können, wurden die relevanten Informationen herausgegriffen.

3.4.1.4. Weitere Hinweise im ersten Bild der Aufstellung

Das erste Aufstellungsbild des Klienten wurde auf Hinweise untersucht, die die ersten Annahmen bestätigen können. Darüberhinaus ergeben sich aus der Aufstellung häufig weitere Informationen, die nicht aus dem Gespräch ersichtlich wurden, für die weitere Entwicklung des therapeutischen Prozesses jedoch von Bedeutung sind.

3.4.1.5. Weitere Annahmen

Die Hinweise aus der Aufstellung führen zu weiteren Annahmen über systemische Verstrickungen.

3.4.1.6. Zielrichtung

Aus allen bisher gewonnenen Informationen wählt der Therapeut eine Ausrichtung auf einen zentralen Komplex, der im Vordergrund steht und auf den er seine therapeutische Aufmerksamkeit wendet. Hier ist es hilfreich, wenn der Klient eine gezielte Frage an den Prozeß hat, da er dadurch seine Aufmerksamkeit auf die Lösung fokussiert.

3.4.1.7. Lösungssuche

Der erste Lösungsvorschlag besteht in der sogenannten Idealaufstellung, die die Ordnung im System bildhaft wiedergibt. Der Klient kommentiert dieses veränderte Bild von der Metaposition aus, um dann in den einzelnen Rollen seine Wahrnehmung und sein Befinden zu beobachten. Es folgen mehrere therapeutische Interventionen, die jedesmal über das Befinden des Klienten an seiner Stelle oder in der Rolle eines Angehörigen des Systems auf ihr Zutreffen überprüft werden.

3.4.1.8. Diskussion

Die Ergebnisse und wichtige Aspekte der jeweiligen Aufstellung werden diskutiert und Vorschläge für mögliche weitere therapeutische Interventionen gemacht.

3.4.1.9. Vergleichsdaten anderer Quellen aus Erhebungen im Rahmen des Projektes

Diese Daten wurden durch Fragebögen, Selbstaussagen und Fremdbeobachtungen durch andere Forschungskollegen aus dem Projekt erhoben. Sie wurden am Ende dieser Studie hinzugefügt, um den therapeutischen Prozeß innerhalb der Sitzung unbeeinflußt von Fremdinformationen durchzuführen.[288]

---

[288] Ein weiterführendes Forschungsanliegen ist ein Vergleich von „konventionell" erhobenen Daten über Fragebögen, Interviews, Tests u.ä. und Informationen aus den Aufstellungen.

3.5. Definition der Kriterien

3.5.1. Systemische Verstrickung

Erhoben wurden die angenommenen Ursachen einer systemischen Verstrickung in der gegenwärtigen und den vorhergegangenen Generationen, die durch Fakten zu belegen sind, und die Folgen davon, also Symptome, die in der Praxis dadurch sichtbar werden, daß Klienten mit Beschwerden eine Therapie aufsuchen und darüber berichten. Diese Symptome können sich auf körperliche Probleme wie psychosomatische oder somatische Krankheit beziehen, oder auf psychische Probleme wie etwa Depression, Störungen in den Beziehungen, das Gefühl, nicht „bei sich" zu sein, sondern wie „neben sich" zu stehen, Sucht, Psychosen oder offene oder latente Suizidneigung, wobei letztere sich in häufigen Unfällen zeigen kann.[289] Die angenommenen Ursachen als Elemente einer zugrundeliegenden Struktur sind dem Klienten und den Familienmitgliedern meist nicht bewußt und somit kann der Klient die für ihn relevante Verstrickung nicht benennen.

3.5.1.1. Hinweise auf eine mögliche systemische Verstrickung im explorierenden Gespräch

Die Aussagen der Klienten wurden auf die folgenden Kriterien hin untersucht:

- Ausgeschlossene, das heißt, Personen, die im System gelebt haben oder noch leben, deren Zugehörigkeit von den anderen jedoch nicht anerkannt ist. Sie können vergessen oder absichtlich ausgeschlossen sein. Manchmal haben die Familienmitglieder nicht das Wissen darüber, wer zum System gehört und daher einbezogen werden muß. Dazu zählen vor allem solche, die für andere durch ihr Weggehen Platz gemacht haben, z.B. frühere Partner oder Ehepartner, die durch Trennung, Scheidung oder Tod das System verlassen haben. Unter diese Kategorie fallen auch diejenigen, die sich selbst ausschließen, indem sie das System verlassen und aus ihrem bisherigen Lebenskreis verschwinden, um anderswo eine neue Existenz aufzubauen.

---

[289] Vgl. Emlein, 1995.

- Nicht Geachtete, das heißt, Personen, über die innerhalb der Familie ohne Achtung oder Zuneigung gesprochen wird.

- Früh Gestorbene, das meint vor allem einen Elternteil oder ein Geschwister des Klienten oder eines Elternteiles. Starb der Vater oder die Mutter, als das Kind noch klein oder im Schulalter war, kann das ein Hinweis auf eine unterbrochene Hinbewegung sein. Darüberhinaus ist es ein Hinweis auf eine mögliche systemische Verstrickung, wenn ein Elternteil oder ein Geschwister an einem Unfall, einer Krankheit oder im Krieg starb.

- Totgeburten, die einem früh Verstorbenen gleichzusetzen sind.

- Abgänge, Fehlgeburten oder Abtreibungen, die eine besondere Bedeutung im System haben, da es Schuldzuweisungen wegen des Verlustes dieses Kindes in irgendeiner Form zwischen den Eltern oder anderen Personen gibt.

- Tragische Schicksale, z.B. den Tod einer Mutter im Kindbett oder die Einwirkung eines politischen Systems auf die Familie. In unserer Vergangenheit spielt vor allem das NS-Regime eine Rolle.

- Faktische Schuld, das heißt ein Vergehen gegen das eigene System, z.B. sexueller Mißbrauch, gegen andere Menschen, z.B. Mord, oder ein schuldhaftes Vergehen im Rahmen einer politischen Aktivität oder Zugehörigkeit.

- Geheimnisse oder Tabus, das heißt, wesentliche Tatsachen, über die nicht gesprochen wird oder werden darf oder die geleugnet werden. In den Aufstellungen tauchen manchmal Geheimnisse auf, wobei sich nicht bestimmen läßt, ob es sich um Fakten oder Personen handelt. Erkennbar ist dies in der Konstellation, wenn alle in eine Richtung schauen, und einer oder mehrere das Gefühl beschreiben, daß etwas oder jemand im System fehlt. Manchmal fällt es dem Klienten im Laufe der Aufstellung ein, worum es sich handelt. Manchmal bleibt es im Dunkeln.

- Größere Verluste, z.B. Verlust der Heimat durch Flucht, Verlust von Hab und Gut durch Spekulation, Verlust des rechtmäßigen Erbes durch Erbschaftsregelung oder -streitigkeiten.

- Schwere körperliche oder psychische Krankheiten oder häufige Unfälle des Klienten oder eines Familienmitgliedes.

- Wechsel der Religion, was ein Verlassen des ursprünglichen Systems bedeutet.

- Nichtachtung der systemischen Ordnung, das heißt z.B. Mißachtung der Geschwisterreihe durch verschwiegene, auch außereheliche Geschwister oder die Bevorzugung oder Benachteiligung eines Kindes innerhalb der Geschwisterreihe. Hier müssen ein oder mehrere Geschwister die für sie falsche Stelle einnehmen.

3.5.1.2. Hinweise auf eine systemische Verstrickung in der Aufstellung

- Einer geht aus dem System hinaus oder will hinaus. Steht einer abgewendet oder spricht ein Darsteller deutlich den Impuls aus, hinausgehen zu wollen, so bedeutet das, daß er dazu tendiert, das System zu verlassen. Er folgt einem anderen nach oder verläßt aus eigenem Verschulden das System.

- Alle Aufgestellten blicken in eine Richtung, was darauf hinweist, daß etwas oder jemand im System fehlt.

- Der Klient fühlt sich an seiner Stelle nicht gut, was bedeutet, daß er im System nicht am richtigen, ihm angemessenen Platz steht.

3.5.2. Unterbrochene Hinbewegung

Sowohl Boszormenyi-Nagy als auch Hellinger gehen von der Grundannahme aus, daß jedes Kind natürlicherweise offen und bereit ist, auf die Eltern zuzugehen. Kann diese „Liebe" nicht an ihr Ziel gelangen, so verschließt sich das Kind und unterbricht somit seine Hinbewegung zu den Eltern. Gründe für die Abwendung können die physische oder emotionale Abwesenheit eines Elternteils sein, oder Mißachtung, Zurückweisung oder Ablehnung des Kindes durch die Eltern in vielen, sich wiederholenden Situationen. „Emotionale Abwesenheit" bedeutet, daß der Vater oder die Mutter für das Kind trotz physischer Anwesenheit als Person nicht erreichbar war. Hier und in dem Falle, wenn die Eltern nicht auf das Kind eingehen, liegt die Vermutung nahe, daß dieser Elternteil selbst systemisch in seiner Familie verstrickt ist.

Die Impulse der Zuwendung des Kindes bleiben bestehen, doch verkehren sie sich ins Gegenteil, in abwertende, negative Gefühle. Diese können sich gegen die Eltern oder gegen sich selbst richten. Eine andere Form, wie ein Kind sich vor dem Impuls der Hinbewegung und der damit verbundenen schmerzlichen Erfahrung schützen kann, ist, emotionale Regungen erst gar nicht mehr in sich aufkommen zu lassen. Der Klient hat dann als Erwachsener jegliches Gefühl seinen Eltern gegenüber ausgeblendet, was sich als emotionale Kühle zeigt.

3.5.2.1. Hinweise auf eine unterbrochene Hinbewegung im explorierenden Gespräch

Fakten:

- Verlust eines Elternteiles durch Tod.

- Reale Abwesenheit eines Elternteiles durch Krieg oder Arbeit, oder Trennung durch Krankheit des Kindes von Mutter oder Vater.

Emotionen und darauf gegründetes Verhalten beim Klienten:

- Ungeklärte Beziehung zu Mutter oder Vater und/oder übermäßig starke Beschäftigung mit der Beziehung oder Verleugnung der Beschäftigung damit.

- Blockierung des liebevollen Gefühls zu Mutter oder Vater, statt dessen Ablehnung, Verurteilung oder Verachtung von Mutter oder Vater oder auch der eigenen Person.

3.5.2.2. Hinweise auf eine mögliche unterbrochene Hinbewegung in der Aufstellung

Der Klient

- will keine Nähe zu den Eltern, d.h. er wählt seinen Platz fern von Mutter oder Vater;

- beschreibt an seiner Stelle negative Gefühle gegenüber Mutter oder Vater, vor allem Wut, Verachtung oder Groll, oder macht ihnen Vorwürfe, die er als ihr Kind nicht überwinden kann;

- kann in der Rolle, im Rollenspiel nicht oder nur schwer eine Zuwendung äußern oder Achtung zeigen: Er kann sich nicht vor den Eltern verneigen (Handlung) und so die Achtung zeigen (Einstellung).

4. Ergebnisse aus den Einzelaufstellungen

Klient 1

Mann; Altersgruppe: 40-50 Jahre; Zahl der Geschwister: 2; Halbgeschwister: -; Stelle in der Geschwisterreihe: 2; Familienstand: verheiratet; Zahl der Kinder: 2.

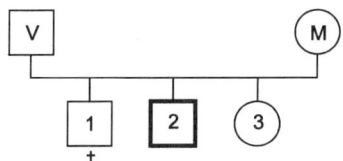

Hinweise auf eine systemische Verstrickung im explorierenden Gespräch

- Der Bruder wurde neun Jahre vor dem Klienten geboren und starb mit 10 Jahren an Leukämie, als der Klient also ein Jahr alt war. Bei der Frage, wer zu seiner Ursprungsfamilie gehöre, vergißt ihn der Klient. Erst auf Nachfragen fällt er ihm ein.
- Der Bruder hätte Pfarrer werden sollen. „Er war ein braver Bub."

Erste Annahmen

- Der ältere Bruder ist ausgeschlossen und muß seinen Platz in der Geschwisterreihe einnehmen.
- Dieser Bruder folgt einem anderen nach. Zu dieser Annahme führt sein früher Tod und seine Bestimmung, Pfarrer zu werden.

Aufstellung

- Alle Familienmitglieder stehen in einer Reihe. Der vergessene Bruder steht dahinter.
- Alle im System blicken in eine Richtung.

Der Vater verspürt eine Anspannung im Nacken. Der tote Sohn steht direkt hinter ihm. In der Rolle der Mutter stottert der Klient; die anfängliche Unruhe legt sich.

Sie steht als erste in der Reihe. In Bezug auf ihren Mann sagt sie, sie sei die dominierende, doch sei dies kein gutes Gefühl. „Besser wäre, beide wären gleich." Über den toten Sohn sagt sie: „Das war schlimm." In der Rolle der Schwester äußert der Klient keine besondere Befindlichkeit.

Weitere Hinweise im ersten Bild der Aufstellung

Keine.

Weitere Annahmen

Keine.

Zielrichtung

Den Bruder an seinen Platz, den des ältesten Kindes, holen.

Lösungssuche

Als Lösungsvorschlag werden die Kinder in der Rangfolge den Eltern gegenüber aufgestellt.

Die Spannung des Vaters tritt nicht mehr auf. Die Mutter ist an ihrer Stelle auf der anderen Seite ihres Mannes „zufrieden". In der Rolle des älteren Bruders fühlt sich der Klient wohl und schaut freundlich auf seinen jüngeren Bruder. „Hier ist der richtige Platz für mich." Auf die Aufforderung, ihm zu sagen, wie es ihm mit dem jüngeren geht, antwortet er: „Ich hätte gerne noch mit ihm gelebt."

An seiner eigenen Stelle beschreibt der Klient, er sei aufgeregt. Auch traue er sich nicht recht, den Bruder anzusehen. Auf die Aufforderung hin, das zu tun, ist er ganz gerührt und erleichtert. „Jetzt ist es besser." Er wird aufgefordert, sich vorzustellen, wie sein älterer Bruder die Reihenfolge der Geburt benennt, indem er zu ihm sagt: „Ich bin der ältere und du bist der jüngere." Der Klient weint. Er sei „traurig, daß sein Bruder so früh gestorben ist." Er wird aufgefordert, zum Bruder zu sagen: „Du bist mein älterer Bruder und ich bin dein jüngerer Bruder." Danach stellt er fest: „Das ist gut." Zugleich sei er „glücklich", diesen älteren Bruder zu haben.

Diskussion

Der Hinweis auf den vergessenen Bruder im Gespräch wird bestätigt in der Aufstellung. Da alle bei einer Aufstellung in eine Richtung schauen, kann man die Vermutung anstellen, daß einer im System fehlt, möglicherweise derjenige, dem der Bruder durch seinen Tod nachgefolgt ist. Vorrangig jedoch war, dem Bruder seinen Platz wieder einzuräumen. Dadurch erfährt sich der Klient als zweiter Sohn.

Es läßt sich beobachten, daß es Auswirkungen im ganzen System hat, wenn ein Kind an der falschen Stelle steht. Vor allem fühlt ein jüngeres Geschwister, wenn es an die Stelle des älteren geholt und als älteres behandelt wird, sich dieser Stelle nicht gewachsen, überfordert und unsicher an seinem Platz. Möglicherweise ist die Symptomatik des Klienten vor diesem Hintergrund besser zu verstehen.

Diese Aufstellung erbrachte innerhalb der Sitzung eine Lösung für den Klienten. Es war ihm möglich, Gefühle von Trauer und Schmerz wahrzunehmen und auszudrücken.

Weitere Anmerkungen:

Als der Klient die Blätter kennzeichnete, malte er für jede Person ein Gesicht. Nur das Blatt des Bruders ließ er weiß. Als die Geschwister in einer Reihe lagen und er die Rangfolge dem Bruder gegenüber ausgesprochen hatte, konnte er ihm ein Gesicht geben. Er war damit sehr zufrieden.

Daten anderer Quellen aus Erhebungen im Rahmen des Projektes

Beruf: Architekt.

Diagnose: Angst vor dem Stottern seit dem 4. Lebensjahr.

Belastungsgrad: unterschiedlich, periodenweise sehr stark.

Eingangsdiagnostik: Sprechangst, Stottern, selbstunsichere Persönlichkeit.

Symptomatik: Sprechstörung (Stottern), Angst vor dem Telefonieren, Angst vor Ansprachen und Reden in der Öffentlichkeit.

Krankheiten: als Kind Diphterie.

Familiäre Traumata/Tabus: Klient verlor seinen älteren Bruder; Tod des Vaters vor über zwanzig Jahren kurz vor der Heirat des Klienten; mütterliche Kindheit bei harter, liebloser Mutter war tabu.

Familiäre Integrationsleistung: Mutter erzwang den familiären Zusammenhalt; Klient fühlte sich eingesperrt, unfrei, unwohl; er erlebte keine Sicherheit, blieb innerlich unsicher.

Kindheitsängste: Der ursprünglich vorlaute Klient hatte erhebliche, chronische Ängste vor Prügel und Unterdrückung durch die Mutter.

Beziehung zu Partnern: Beziehung zur Ehefrau sei gut, partnerschaftlich. In Entscheidungskonflikten gibt der Klient öfter nach; kann mit der Frau über alles sprechen.

Impulsive Handlungsmuster: starke orale Hemmung, wäre gern „bissiger"; keine extreme Selbstschädigung erkennbar.

Affektivität: beschreibt sich als temperamentvoll, gelegentlich aggressiv; kann seine Gefühle/Affekte wahrnehmen, insbesondere deren Hemmung.

Interpersonale Beziehungen: stabile familiäre Verhältnisse mit Frau und Kindern; Kontaktängste bisher verstärkt beruflich aufgetreten.

Klientin 2

Frau; Altersgruppe: 40-50 Jahre; Zahl der Geschwister: 3; Halbgeschwister: -; Stelle in der Geschwisterreihe: 4; Familienstand: verheiratet; Zahl der Kinder: 2.

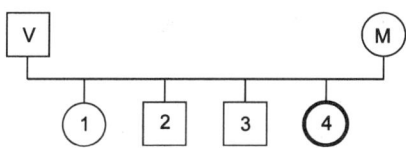

Hinweise auf eine systemische Verstrickung im explorierenden Gespräch

In der Familie treten mehrere schwere Krankheiten auf.

- Die Mutter hat Depressionen.
- Der nächstältere Bruder leidet seit 20 Jahren an Multipler Sklerose.
- Die Schwester des Vaters leidet an Asthma.
- Der Vater des Vaters war starker Raucher und starb an Lungenkrebs.

Weitere Informationen im Gespräch:

Das Thema Religion ist in der Darstellung der Klientin in dieser Familie wichtig. Die Klientin sagt über sich selbst, sie sei fanatisch gegen die Kirche. Die Schwester habe in eine religiöse Familie geheiratet. Der Vater des Vaters sei ein absoluter Atheist gewesen, die Mutter des Vaters ein gläubige Katholikin, die darüber geklagt habe, daß die Klientin keinen Glauben habe.

Erste Annahmen

- Es ist unklar, in welche Richtung eine mögliche Verstrickung der Klientin geht, möglicherweise zur Mutter. Zu dieser Annahme führt, daß die Mutter die der Klientin nächste Person ist, die unter einer Krankheit leidet.

- Die Suchtsymptomatik in der Vaterlinie, als die das starke Rauchen des Großvaters gewertet werden kann, könnte Auswirkungen über den Vater auf die Klientin zeigen.

Aufstellung

- Der Vater steht am Rande der Aufstellung abgewandt, will hinaus und will sich bewegen.
- In der Rolle der Mutter geht es der Klientin schlecht. Sie fühlt sich „komisch", hat Beklemmungen und atmet schwer. Dennoch fühlt sie sich körperlich leichter als in der Rolle des Vaters.
- Der Klientin geht es an ihrer eigenen Stelle schlecht. „Ich habe einen roten Kopf, der glüht, und es ist schwer hier."

Weitere Hinweise im ersten Bild der Aufstellung

Auch die ältere Schwester und der nächstältere Bruder stehen von den anderen abgewandt.

Weitere Annahmen

- Diese drei Personen, der Vater und die beiden Geschwister sind verstrickt, da sie aus dem System hinaustendieren.
- Der Vater folgt einem anderen nach, möglicherweise seinem Vater.
- Die Klientin folgt dem Vater nach.

Zielrichtung

Die Frage um den Vater klären, da es ihm körperlich in der Aufstellung am schlechtesten geht und er hinaustendiert.

Lösungssuche

Den Vorschlag einer Ordnung in einem ersten Lösungsbild kommentiert die Klientin mit den Worten: „Wenn ich daran denke, werde ich ganz schwer." Dann bemerkt sie, sie habe „diese Ordnung schon im Kopf. Ich habe bewußt Unordnung in diese Ordnung gebracht."

Diskussion

Die Klientin verläßt die bildhafte, analoge Ebene und begibt sich auf die kognitive, digitale Ebene, indem sie sich auf ihre Absichtlichkeit beruft. Die Aufstellung kann nicht weitergeführt werden, da diese Arbeit eine analoge Kommunikation zur Voraussetzung hat, die bildhaft und metaphorisch vorgeht. Im Gegensatz dazu werden die Sprache und logisch-analytische Prozesse, also auch absichtliche Handlungen, der digitalen Kommunikation zugeordnet.

Um der Klientin einen weiteren Zugang zu dieser Art von Therapie zu erleichtern, könnten vorbereitende Gespräche zur Einführung in die systemische Denk- und Arbeitsweise und eine Einführung in die therapeutische Arbeit mit Bildern oder in die Trance-Arbeit stattfinden.

Möglicherweise ist das Hinaustreten aus der analogen Kommunikation in Verbindung mit der Angstsymptomatik zu sehen. Die Rückkehr zum „normalen", kognitiv kontrollierten Zustand diente dann als Schutz vor Gefühlen, denen sich die Klientin an diesem Zeitpunkt nicht aussetzen will. Diese Entscheidung scheint jedoch kein bewußter Prozeß zu sein.

In der systemischen Arbeit gibt es verschiedene Annahmen über Familien, in denen die Religion oder Gott eine wichtige Rolle spielen (vgl. Hellinger, 1994):

- Gott steht für eine ausgeschlossene Person, meist eine Frau.[290]

- Geht ein Kind ins Kloster, so kann dies ein Aufgeben des eigenen Systems bedeuten, z.B. Sühne in der Nachfolge für einen anderen sein.

- Durch die Konzentration auf das Thema Religion gibt die Person ihrem eigenen System nicht die gesamte Aufmerksamkeit und kann sich somit vor der Auseinandersetzung mit anderen Inhalten, etwa in der Familie nicht gelebten Gefühlen, schützen.

---

[290] „Wenn Gott in einem System erscheint, ist er in Wahrheit immer jemand aus dem System." (Hellinger, 1994, S. 288.)

Daten anderer Quellen aus Erhebungen im Rahmen des Projektes

Beruf: künstlerischer Beruf.

Diagnose: Sozialphobie seit 9 Jahren, Graphophobie.

Belastungsgrad: steigert sich von mittelschwer bis unerträglich.

Eingangsdiagnostik: Phobien, selbstunsichere Persönlichkeit.

Symptomatik: Angst, verrückt zu werden, die Kontrolle zu verlieren und Angst vor Blamage.

Keine Angaben zu früheren Krankheiten.

Familiäre Traumata/Tabus: Todesfälle in der Familie; Mutter hütete ein Geheimnis bezüglich Sexualität mit einem bestimmten Mann ihrer Vorgeschichte.

Familiäre Integrationsleistung: Klientin fühlte sich unsicher, da die Eltern so wenig ins Familienleben eingriffen bzw. routiniert miteinander umgingen.

Kindheitsängste: keine, evtl. vor Toten; ansonsten lebhaft, explosiv, unternehmungslustig, trotzig; motorisch eher weniger geschickt.

Beziehung zu Partnern: Die Klientin erlebt sich als Sündenbock und Dienerin der Familie. Ihr Mann erlebe sie als Führerin. Er liebe sie, sie ihn jedoch nicht. Sie wertet ihn ab.

Impulsive Handlungsmuster: Sie äußert sich nicht (mehr).

Affektivität: läßt kaum Affekte zu, Probleme mit gefühlter Aggressivität, wertet kognitiv andere Menschen ab.

Interpersonale Beziehungen: Die Klientin kann gut andere für sich einnehmen, hat eine gewinnende Art, aber die Echtheit der Beziehungen bleibt fraglich. Bekanntenkreis vorhanden.

Klientin 3

Frau; Altersgruppe: 50-60 Jahre; Zahl der Geschwister: 1; Halbgeschwister: 4; Stelle in der Geschwisterreihe: 5; Familienstand: geschieden; Zahl der Kinder: - .

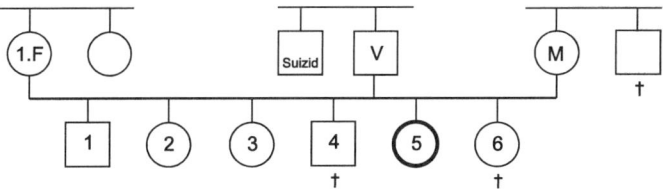

Hinweise auf eine systemische Verstrickung im explorierenden Gespräch

- Der Vater starb, als die Klientin 11 Jahre alt war. Sie macht ihm Vorwürfe, so spät noch geheiratet zu haben und „daß er sich so spät noch den Luxus geleistet hat, Kinder zu zeugen." Der Vater war über fünfzig, die Mutter zwanzig Jahre jünger. Er hätte wissen müssen, daß er nicht so lange lebe.

- Die Mutter habe am Grab des Vaters geklagt, was für ein schreckliches Kind er ihr hinterlassen habe.

Die Klientin berichtet über zahlreiche früh Gestorbene.

- Der nächstältere Halbbruder (4. Kind des Vaters) starb als Kind.

- Das erste Kind der Eltern der Klientin war eine Fehlgeburt. „Meine Mutter war äußerst traurig, da sie ja schon so alt war. Sie hatte große Mühe, ein Kind zu bekommen."

Die Klientin ist das fünfte lebende Kind des Vaters.

- Ihr nächstjüngeres Geschwister, eine Schwester, litt an Neurodermitis und starb mit 7 Jahren nach schweren Masern.

- Der Bruder des Vaters beging Suizid.

- Nicht geachtet sind die Geschwister des Vaters. Es waren außer ihm noch 16 Kinder. „Die waren alle verkorkst. Ich habe mich immer insgeheim lustig über sie gemacht." Einer stürzte sich aus dem Fenster. Bei den anderen habe es „diffuse Sachen" gegeben, möglicherweise weitere Suizide.

- Die Familie hat den Verlust der Heimat erlitten. Sie mußte im Krieg vor den Russen nach Westen fliehen. „Die Heimat geht mir ab."

- Der Vater war Widerstandskämpfer in der Zeit des Nazi-Regimes.

- Der 26 Jahre ältere Halbbruder ist der Klientin nicht bekannt. Die Kinder aus der ersten Ehe des Vaters klagen über die Bevorzugung der Kinder aus der zweiten Ehe. Es herrsche „Konkurrenz zwischen mir und den Kindern".

Erste Annahmen

Als zentrale Themen stellen sich dar:

- Die Klientin folgt ihrer jüngeren Schwester nach. Zu dieser Annahme führt die Art und Dauer der Erzählung. Die Klientin spricht klagend und voller Gefühl von ihr.

- Es besteht eine unterbrochene Hinbewegung zum Vater. Das läßt sich aus den Vorwürfen ableiten, die sie gegen ihn vorbringt.

Aufstellung

Die Klientin stellt sich zwischen ihre jüngere, früh gestorbene Schwester und das lang erwartete erste Kind der Eltern (Fehlgeburt). Diese Person schaut aus dem System hinaus, die Klientin steht direkt hinter ihr und blickt in dieselbe Richtung.

An ihrer eigenen Stelle geht es ihr „schlecht". Sie habe Fluchtgedanken, jedoch keine Angst, aber es sei ungeheuerlich.

Weitere Hinweise im ersten Bild der Aufstellung

- Die erste Frau des Vaters steht neben ihrem jüngsten Kind, dem früh verstorbenen Halbbruder der Klientin. Dies ist für die Aufstellung der Klientin selbst nicht von zentraler Bedeutung, zeigt jedoch möglicherweise eine Nachfolge der Mutter des Kindes an.

Die Klientin spricht über weitere Vorfälle in der Familie:

- Der Bruder der Mutter starb mit 16 Jahren.

- Die Klientin mußte wegen des ältesten Halbbruders eine Haft verbüßen, da er sie denunziert habe.

- Die Schwester der ersten Frau habe gehofft, daß der Vater sie nach dem Tod seiner ersten Frau heiraten würde. Es bestand große Eifersucht zwischen dieser Tante und der Mutter.

Weitere Annahmen

- Die Mutter folgt ihrem Bruder nach. Die Klientin folgt der Mutter nach.

- Der Halbbruder hat die Loyalitätsgesetze des Systems gebrochen, indem er seine Halbschwester denunzierte. Diese Gesetze besagen, daß innerhalb des Systems jeder jeden als zugehörig achten muß.

- Die erste Frau des Vaters ist nicht geachtet. Ihre Schwester hält sie durch ihre Eifersucht in Erinnerung.

Zielrichtung

Die Ordnung der Geschwisterreihe anerkennen.

Lösungssuche

Die Ordnung nach der Rangfolge der Geschwister erweist sich für die Klientin als nicht annehmbar. Den ältesten Halbbruder möchte sie nicht in ihrer Reihe sehen. „Der kann ganz verschwinden." Sie bleibt in der Metaposition und geht nicht mehr in die Rollen.

Von dieser Stelle aus kommentiert sie die vorgeschlagene Idealaufstellung: „Die wichtigen sind die Eltern." Die Familie sei jetzt „besser im Kopf geordnet." Dann klagt sie wieder gegen den Vater und äußert sich vorwurfsvoll über ihn: „Kinder zu kriegen war ein sehr egoistisches Handeln, eine Schnapsidee. Er dachte, er würde 100 Jahre alt."

Sie habe das Leben nie positiv empfunden und hasse sich am meisten selbst dafür.

Diskussion

Es ergeben sich bereits im explorierenden Gespräch sehr zahlreiche Hinweise auf mögliche systemische Verstrickungen mit Personen sowohl aus der väterlichen als aus der mütterlichen Linie, die nacheinander in den Vordergrund treten. Es wird jedoch nicht deutlich, welcher Hinweis eine vorrangige Stelle einnimmt. Diese Komplexität läßt sich nur in einer Gruppe darstellen und differenziert untersuchen, in der verschiedene Rollenspieler die einzelnen Personen repräsentieren, wobei jeder für sich seine spezifischen Wahrnehmungen beschreibt. Dadurch wird die

Gewichtung der Verstrickungen innerhalb des Systems deutlicher. Darüber hinaus lassen sich in der Gruppe mehrere Themen gleichzeitig oder nacheinander bearbeiten.

Nach Hellinger zählen Fehlgeburten in einer Geschwisterreihe nicht. Manche scheinen jedoch eine besondere Bedeutung zu haben. Auch diese Frage nach einer möglichen Bedeutung der Fehlgeburt zeitlich vor der Klientin, der sie Bedeutung beimißt, läßt sich in einer Gruppe klären.

Bemerkenswert ist, daß die Klientin an ihrer Stelle keine Angst verspürt. Möglicherweise ist die Angstsymptomatik der Klientin eine vordergründige Wahrnehmung, die sie vor einem genaueren Erleben dessen schützt, was sie mit „ungeheuerlich" umschreibt.

Die Aussagen der Klientin über ihren Selbsthaß entsprechen dem bei Boszormenyi-Nagy dargestellten Abläufen eines *destructive entitlements* (s. S. 75).

Ein möglicher Therapieverlauf besteht in einer schrittweisen Durcharbeitung verschiedener Themen. Um die Klientin zu einer stabilen Mitarbeit zu motivieren, ist als erstes eine positive Erfahrung wünschenswert, die ihr das Gefühl von Stärkung vermittelt. Systemisch gesehen scheinen wenig stützende Beziehungen zur Verfügung zu stehen. Die ersten therapeutischen Schritte gehen oft auf eine Neubindung zu den Eltern oder Geschwistern hin. Da der Klientin vorerst beide Wege verschlossen sind, können möglicherweise die Großmütter als Ressourcen dienen, was zu prüfen ist. In der Praxis zeigt sich, daß die Frauen der dritten und manchmal zusätzlich der vierten Generation, also die Großmütter und Urgroßmütter im Aufstellungsbild helfen, die Frauenlinie zu stärken. Vergleichbares gilt für die Männerlinie.

Zu den Themen einer weiteren Therapie gehören der Tod der jüngeren Schwester und der Tod des Vaters. Zu überprüfen ist, ob die Klientin in der Nachfolge ihrer Schwester und möglicherweise des Vaters steht; des weiteren die Nachfolge der Mutter in bezug auf ihren Bruder und die Auswirkungen auf die Klientin. Zu untersuchen ist auch, ob die Klientin für ihre Mutter die Gefühle dem Vater gegenüber trägt, nämlich den Schmerz des Verlustes und die Trauer um seinen Tod, die sich hinter der Verachtung verbergen.

Weitere Anmerkungen:

Die Klientin äußert, daß die Mutter sehr traurig war, als sie eine Fehlgeburt erlitt, da sie große Mühe hatte, in ihrem Alter noch ein Kind zu bekommen. Kurze Zeit später sagt sie: „Ich kann damit überhaupt nichts anfangen. Ich weiß auch gar nicht, ob es überhaupt so war."

Die Darstellung zweier unterschiedlicher „Realitäten" ist ein Phänomen, das in der Exploration immer wieder auftaucht. Klienten berichten detailliert von einer Person oder einem Ereignis und widerrufen kurze Zeit später das Gesagte. Auch das Gegenteil tritt ein. Im Laufe der Aufstellung erinnern sich die Klienten plötzlich an Personen oder Ereignisse, die im Gespräch nicht zu benennen waren und die ihrem Gedächtnis lange Zeit entfallen waren. Möglicherweise hängt das mit einer Informationsverarbeitung zusammen, bei der Daten und Informationen digital oder analog gespeichert werden und im Gespräch oder während der bildhaften Wiedergabe auftauchen.

Daten anderer Quellen aus Erhebungen im Rahmen des Projektes

Beruf: Sprachen und Büroarbeit, gehobene Tätigkeit.

Diagnose: Persönlichkeitsstörung vom Borderlinetypus; Ängste seit der Kindheit wachsend.

Belastungsgrad: Ängste steigerten sich bis zur Unerträglichkeit.

Eingangsdiagnostik: Gewitter- und Existenzängste, Sinnkrise.

Symptomatik: Angst vor Gewittern, Gewalt und Tod, Existenzangst. Lebensmüdigkeit bzw. -überdruß.

Krankheiten: Hautallergien, Schlafstörungen.

Familiäre Traumata/Tabus: Mutter verlor 16jährigen Bruder früh, mußte sehr hart arbeiten; Klientin hat Todesfälle von Schwester, Vater und Großmutter nicht verarbeitet sowie die Flucht aus einem östlichen Land. Ausgrenzung der Familie in der Nazizeit.

Familiäre Integrationsleistung: Nach dem Tod von Schwester, Vater und Großmutter desintegrierte die Restfamilie; Mutter forderte Leistung ohne Zielorientierung; fehlende Geborgenheit, kein Zusammenhalt mehr.

Kindheitsängste: Gewitterängste, schwächer als heute; allgemein ängstliches Kind, überspielt mit Fleiß und Scheinanpassung.

Beziehung zu Partnern: Freund wird gebraucht, nicht geschätzt; seine Familie bietet der Klientin Geborgenheit; Klientin pendelt zwischen Dominanz-Ohnmacht, Führen-Geführtwerden.

Impulsive Handlungsmuster: mehrere appellative Suizidankündigungen nach der Scheidung; Selbstdestruktivität, ständiger Medikamenten-Konsum.

Affektivität: grübelt, innere Lage ein „Vulkan", Leben ist ein Alptraum, „finde die Tür nicht", kann eigene Aggressivität nicht wahrnehmen bzw. zulassen und sozial adäquat in Beziehungen vermitteln

Interpersonale Beziehungen: erheblich isoliert, resignativ vereinsamt; hat noch eine feste Partnerbeziehung, die für sie zunehmend fragwürdig wird; zu Kollegen in der Arbeit lockere, unstete Beziehung.

Klient 4

Mann; Altersgruppe: 50-60 Jahre; Zahl der Geschwister: -; Halbgeschwister: 2; Stelle in der Geschwisterreihe: 2; Familienstand: verheiratet, Zahl der Kinder: - .

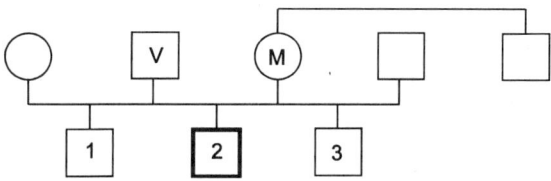

Hinweise auf eine systemische Verstrickung im explorierenden Gespräch

- Der 50jährige Klient hat einen fast gleichaltrigen Halbbruder von seiten des Vaters. Er kennt den Halbbruder bis heute nicht. Die Mutter des Klienten wußte zwar um die Existenz dieses Kindes, kannte jedoch dessen genaues Alter nicht, sondern glaubte, dieser sei zwei bis drei Jahre älter als ihr Sohn.

- Der uneheliche Klient hat seinen Vater erst mit 13 Jahren kennengelernt, da dieser bei seiner Familie lebte. Auch später habe er wenig Kontakt zu dieser Familie gehabt. Selbst als sein Vater noch lebte, hielt er sich fern. „Ich dachte, es ist eine harmonische Familie, und wollte mich nicht in diese Familie hineindrängen."

- Der Vater war bei der Gestapo.

Erste Annahmen

- Zum Vater ist die Hinbewegung unterbrochen. Der Sohn hält sich fern.

- Die Frau des Vaters ist nicht geachtet.

- Der Vater trägt durch seine Zugehörigkeit zur Gestapo eine faktische Schuld, die der Sohn für ihn übernimmt.

- Durch seine Schuld ist der Vater ausgeschlossen.

Aufstellung

Der Klient legt den Vater zu dessen Familie.

„Seine" eigene Familie, also seine Mutter, sich, seinen anderen Halbbruder und den Stiefvater, gruppiert er eng zusammen. An seiner Stelle fühle er sich „resigniert" und ziehe sich vom Vater zurück.

In der Rolle der Mutter des älteren Halbbruders sagt der Klient, sie habe Angst, die Vergangenheit könne sie einholen, indem sich die andere Frau, die Mutter des Klienten, „'reindrängen" könne.

Weitere Hinweise im ersten Bild der Aufstellung

- Der Klient sagt, die eigene Ehefrau fehle.

Weitere Annahmen

- Die Ehefrau des Vaters ist von der Mutter des Klienten nicht anerkannt. Zu dieser Annahme führt, daß sie sich in ihrer Position bedroht fühlt.

Zielrichtung

Den unbekannten Halbbruder als älteren Bruder anerkennen.

Lösungssuche

Auf den ersten Vorschlag einer Lösung läßt sich der Klient nur teilweise ein. Er bleibt in der Metaposition. Ein erstes Anzeichen für den Wechsel zur digitalen Kommunikation war seine Aussage im ersten Bild der Aufstellung, daß seine Frau fehle. Dies ist ein Hinweis, daß er zu seinen aktuellen Beziehungen zurückkehrt und somit die analoge Ebene verläßt.

Dennoch äußert er sich über eine Veränderung, die im Laufe der Aufstellung zustande gekommen ist: „Der Bruder ist mir innerlich etwas näher gekommen. Er kommt auf mich zu."

Diskussion

Der Klient berichtet in seiner Rolle, er fühle sich wohl, so wie er sich immer wohl gefühlt habe. Ihm fehle jedoch die eigene Frau neben sich. Dies ist ein Schritt heraus aus dem Bild der Ursprungsfamilie. Es wird als Schutz vor Gefühlen gedeutet, die sonst an dieser Stelle auftreten könnten. Es handelt sich vor allem um Schmerz und Trauer, wie in der Praxis zu beobachten ist. Als eine weitere Form sich zu schützen, kann gewertet werden, daß der Klient innerhalb dieser Aufstellung sehr viel sprach, ohne sich auf konkrete Aussagen einzulassen. Als Therapeutin habe ich ihn durch Fragen zu seinem körperlichen Befinden immer wieder an die Wahrnehmungen der analogen Ebene hingeführt, doch er wählte die kognitiv-digitale Form der Kommunikation, nämlich die Sprache.

Als nächster Therapieschritt ist die Wiederaufnahme der unterbrochenen Hinbewegung zum Vater vorstellbar. In einer Gruppenaufstellung läßt sich ein mögliches schuldhaftes Verhalten des Vaters durch seine Zugehörigkeit zur Gestapo überprüfen, und ob der Vater dadurch Systemgesetze verletzt und damit das System verlassen hat.

Nach der von Hellinger vertretenen Ordnung müßte der Vater die Beziehung führen, in der zuletzt ein Kind geboren wurde. Das ist die Beziehung zur Mutter des Klienten, da sie wenige Tage nach der Frau des Vaters ihr Kind zur Welt brachte. Es ist jedoch noch unklar, wie Mehrfachbeziehungen zu werten und zu behandeln sind, in denen eine Person mit zwei oder auch mehreren Partnern gleichzeitig Kinder hat.

Daten anderer Quellen aus Erhebungen im Rahmen des Projektes

Beruf: Soldat.

Diagnose: Herzphobie, seit 3 Jahren.

Belastungsgrad: sehr schwer.

Eingangsdiagnostik: körperbezogene Ängste, Depression, Identitätsprobleme.

Symptomatik: psychosomatische Herzbeschwerden, vergebliche ärztliche Konsultationen, Depressionen, vorzeitige Versetzung in den Ruhestand, Perspektivelosigkeit, Sinnkrise.

Krankheiten: früher Übergewicht, Lungenoperation, Depressionen, Herz organisch ohne Befund; jetzt psychosomatischer Herzdruck, Kopfschmerzen.

Familiäre Traumata/Tabus: Heimatverlust der Mutter im Krieg; Klient und sein Halbbruder litten sehr unter Hunger; Verlust des Vaters und des ersten Stiefvaters wurde vom Klienten nicht überwunden; eigene Kinderlosigkeit.

Familiäre Integrationsleistung: enger Zusammenhalt zwischen Halbbruder, Mutter und Klient, doch unterblieb die innere Ablösung; Klient übernahm zu früh zuviel Verantwortung; fühlte sich oft zurückgesetzt, unsicher, unerfüllt, ängstlich vor weiteren Verlusten.

Kindheitsängste: immer Angst um herzkranke Mutter und vor Einbrüchen; ansonsten mutig, spontan, zeitweise kraftvoll.

Beziehung zu Partnern: verheiratet; Klient trifft wichtige Entscheidungen, dominiert; Frau fügt sich, stützt den Klienten emotional, hatte selbst keinen Vater.

Impulsive Handlungsmuster: ständiger Tablettenkonsum; darüberhinaus derzeit keine auffälligen Selbstaggressionen.

Affektivität: Grübeln, Depressionen, Weinen und Trostsuchen; erlebt sich und das Leben als sinnlos.

Interpersonale Beziehungen: Der Klient hat noch engen, herzlichen Kontakt zu seinem jüngeren Halbbruder und dessen erwachsenen Kindern. Freundeskreis fehlt.

Klientin 5

Frau; Altersgruppe: 50-60 Jahre; Zahl der Geschwister: -; Halbgeschwister: -; Stelle in der Geschwisterreihe: 1; Familienstand: verwitwet; Zahl der Kinder: 2.

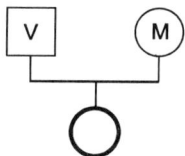

Hinweise auf eine systemische Verstrickung im explorierenden Gespräch

- Der Vater war als Soldat im Krieg, als die Klientin ein Kind war.
- Die über 50jährige Klientin klagt, daß ihre Mutter sie nie habe machen lassen, was sie gewollt habe. Bis heute müsse sie sich um die jetzt alte Mutter kümmern.
- Die Mutter und deren Mutter seien sehr unterschiedlich gewesen, so wie die Klientin und ihre Mutter.

Erste Annahmen

- Es besteht eine unterbrochene Hinbewegung zum Vater, da er in der Kindheit der Klientin abwesend war.
- Unterbrochene Hinbewegung zur Mutter. Zu dieser Annahme führt die Art, wie die Klientin über ihre Mutter spricht. Sie klagt und fühlt sich unterdrückt.

Aufstellung

- Die Klientin legt die Blätter an die entferntesten Stellen des Raumes. Wäre mehr Platz, würde sie noch größere Abstände wählen.
- Sie fühle sich der Mutter gegenüber schuldig und überfordert und könne sich nicht abgrenzen. Inzwischen habe sie resigniert.

In der Rolle der Mutter spürt sie „ein Flattern im Bauch."

Weitere Hinweise im ersten Bild der Aufstellung

- Alle schauen in dieselbe Richtung. Dies ist ein Hinweis, daß ein Element im System fehlt. Die Klientin kann nicht sagen, welche Person oder welche Tatsache das ist. Es kann sich auch um ein Geheimnis innerhalb der Familie handeln, das die Klientin nicht kennt.

Weitere Annahmen

Keine.

Zielrichtung

Die unterbrochene Hinbewegung zur Mutter aufheben.

Lösungssuche

Als die Klientin von der Metaposition aus auf die vorgeschlagene Konstellation blickt, die die Eltern nebeneinander und das Kind davor zeigt, sagt sie, die Trennungslinie [zwischen den Generationen] sei gut, auch, daß sie jetzt weiter weg stünde.

In der Rolle der Mutter stellt sie fest, das Gefühl im Bauch sei nicht mehr da. Dem Vater geht es gleichbleibend gut.

An der eigenen Stelle fände sie es „gut, wenn es so wäre." Das sagt sie trotzig und resigniert.

Um die Mutter in ihrem Beziehungskontext zu zeigen, wird hinter die Mutter ein Blatt gelegt, das die Mutter der Mutter repräsentiert. In der Rolle der Mutter verspürt die Klientin keine Veränderung, und sagt, sie könne es sich nicht vorstellen. In der eigenen Rolle nimmt sie keine Veränderung zur Mutter hin wahr. „Aber die Großmutter gibt Kraft."

Dies wird als Hinweis gewertet, daß die Großmutter eine Ressource für die Klientin darstellt. Als nächste Intervention wird die Mutter der Mutter hinter die Klientin gestellt. Die Klientin wird aufgefordert, sich vorzustellen, daß die Großmutter ihr die Hand zwischen die Schultern legt und sie sich etwas zurücklehnen kann. Diese Vorstellung tut ihr sichtlich gut. Sie sagt: „Ich kann mir Ruhe holen von der Oma." Danach nimmt die Großmutter wieder ihren Platz hinter der Mutter ein.

Die Klientin sagt den Satz, der die Ordnung benennt und zugleich eine positive Bindung vorschlägt: „Du bist meine Mutter, ich bin deine Tochter, und das ist gut so." Sie könne das sagen, „es geht". Sie sagt den Satz jedoch nicht mit Überzeugung. Daher stellt die Therapeutin die Frage: „Wie oft müssen Sie das sagen, bis es ganz stimmt?" Klientin: „Ziemlich oft."

Sie bekommt den Auftrag, diesem Gedanken Platz einzuräumen.

Als weiterer Schritt im Prozeß wird die Klientin aufgefordert, sich umzudrehen, so daß sie mit dem Rücken zu den Eltern steht. Diese Position symbolisiert ein Hinausgehen ins eigene Leben. Die Klientin kommentiert: „Ich bin froh, daß ich weg bin." Dies ist ein Hinweis, daß sie nun gehen und sich ihren eigenen Interessen widmen kann, ohne sich schuldig zu fühlen. Die Therapeutin weist sie auf die ethische Verpflichtung hin, für die Pflege der Mutter zu sorgen. Trotzdem könne die Klientin sich innerlich von der Mutter lösen und ihren Weg ins Leben gehen. Die Klientin: „Und das konnte ich vorher nicht."

Diskussion

Die Annahme einer unterbrochenen Hinbewegung hat sich bestätigt durch die große räumliche Distanz zur Mutter und die kindlich-trotzige Haltung der Klientin ihr gegenüber.

Diese Thematik stand im Vordergrund und es ergaben sich keine konkreten Hinweise, welche Bedeutung dem großen Abstand zum Vater beizumessen ist.

Wenn eine unterbrochene Hinbewegung vom Kind zur Mutter oder zum Vater besteht, kann das ein Hinweis sein, daß die Mutter oder der Vater selbst verstrickt ist. Die zugrundeliegende Annahme ist, daß der Elternteil durch seine eigene Verstrickung emotional abwesend war, da er an die Person gebunden ist, der er möglicherweise nachfolgt.

Der räumliche Abstand zwischen Eltern und Kind stellt keine Wiederaufnahme der unterbrochenen Hinbewegung und damit eine Lösung dar, sondern einen ersten Schritt heraus aus der Verwirrung sich widerstrebender Gefühle oder Bedürfnisse, hier Schuldgefühle, Wunsch nach Unabhängigkeit und die Klage über diesen Zwiespalt.

Die Stärkung durch die Mutter der Mutter kann als Ressource betrachtet werden, die erst eine Lösung ermöglicht. Es stellt jedoch keine Lösung der systemischen Verstrickung dar.

Es fehlen Informationen zu dem Element, in dessen Richtung alle blicken und das auf eine Verstrickung hinweist, so daß in diese Richtung nicht weitergegangen werden kann.

Durch den Auftrag, der als „Hausaufgabe" dem Klienten mitgegeben wird, nämlich einen Satz in der Vorstellung immer wieder zur entsprechenden Person zu sagen oder sich das Lösungsbild immer wieder vor Augen zu rufen, wird er schrittweise in seiner eigenen, von ihm selbst gewählten Geschwindigkeit an das lösende Gefühl herangeführt.

Daten anderer Quellen aus Erhebungen im Rahmen des Projektes

Beruf: Hausfrau.

Diagnose: Agoraphobie und Klaustrophobie seit ca. 12 Jahren.

Belastungsgrad: mittelschwer.

Eingangsdiagnostik: Klaustrophobie, selbstunsichere Persönlichkeit.

Symptomatik: klaustrophobische Angstzustände, Angst vor der Angst.

Krankheiten: früher wegen Mandelentzündung bis zur Operation mit 8 Jahren häufig fiebrig; jetzt Durchfall, Schlaflosigkeit, Herzklopfen und Herzstolpern.

Familiäre Traumata/Tabus: Tod des Vaters; Tod des Mannes vor über 20 Jahren; Kriegserfahrungen des Vaters, „keine schöne Sache."

Familiäre Integrationsleistung: familiärer Zusammenhalt erschwert durch den Krieg; kam unzureichend zustande; Sicherheit nach dem Krieg, kurz danach Umgebungswechsel.

Kindheitsängste: sehr zurückhaltend, still, verträglich. Keine Ängste erinnerbar.

Beziehung zu Partnern: verwitwet; Klientin lebt sehr eingeschränkt.

Impulsive Handlungsmuster: steter Medikamentenkonsum; vermißt Lebenssinn.

Affektivität: grübelt viel, fühlt sich angespannt, gereizt; hat Affekte unter Kontrolle, fühlt Angst vor Kontrollverlust.

Interpersonale Beziehungen: Die Kinder sind erwachsen; die Mutter ist alt und lebt nicht mehr lang; Klientin ist darüber besorgt.

Klient 6

Mann; Altersgruppe: 50-60 Jahre; Zahl der Geschwister: -; Halbgeschwister: 1; Stelle in der Geschwisterreihe: 1; Familienstand: verheiratet; Zahl der Kinder: 3.

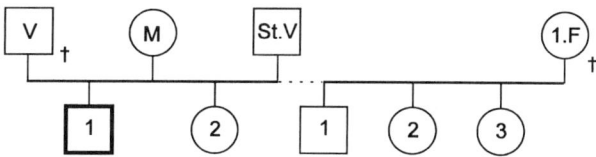

Hinweise auf eine systemische Verstrickung im explorierenden Gespräch

- Der Vater fiel im Krieg, als der Klient ein Jahr alt war. Er sagt: „Er war sicher stolz auf mich."

Erste Annahmen

- Der im Sohn repräsentierte Stolz des Vaters läßt darauf schließen, daß der Vater ins System einbezogen ist. Daher wird der frühe Tod des Vaters nicht als Hinweis auf eine unterbrochene Hinbewegung gedeutet.
- Keine weiteren Annahmen.

Aufstellung

Der Klient steht zwischen Vater und Mutter, zwischen ihr und dem Stiefvater steht die Halbschwester, beider Kind; neben dem Stiefvater seine Kinder. Alle sind hufeisenförmig angeordnet.

An seiner eigenen Stelle sagt der Klient über seine körperliche Wahrnehmung: „Ich weiß nicht, ob ich mit beiden Füßen auf dem Boden stehe." Über den Vater wisse er nur das Positive, das die Mutter immer von ihm erzählt habe. Zur Mutter habe er „immer ein zwiespältiges Verhältnis" gehabt. „Sie wollte mich nicht hergeben. Als ich mich abnabeln wollte, hat sie mir Widerstände entgegengebracht."

An der Stelle des Vaters nehme er „das gleiche wie vorher" wahr, nämlich nicht zu wissen, ob er auf dem Boden stehe. Dazu komme ein „Schwanken nach vorne und hinten".

An der Stelle der Mutter fühlt er sich „nicht besonders wohl", habe „ein Ziehen in den Oberschenkeln, um dem Schwanken entgegenzuwirken" und ein „waches Auge auf den Sohn".

Weitere Hinweise im ersten Bild der Aufstellung

- Die Mutter steht abgewendet.
- Der Klient beschreibt an der eigenen Stelle eine leichte körperliche Unsicherheit.

Weitere Annahmen

- Die Mutter folgt jemandem nach, möglicherweise ihrem ersten Mann.
- Das „wache Auge" der Mutter auf den Sohn führt zur Annahme, die Mutter fürchtet, der Sohn folge dem Vater nach.

Zielrichtung

Begegnung mit dem Vater.

Lösungssuche

Der Klient äußert in der Metaposition den Wunsch, er wolle sich „mehr in der Mitte sehen, da wäre es angenehmer." Das funktioniere aber nicht, da er zu wenig Kraft habe.

Im ersten Lösungsbild steht der Klient seinen Eltern gegenüber. In der Metaposition kommentiert er: „Der Kern ist die Mutter, der Vater und ich." Durch die Anordnung habe er eine „zentrale Stelle", so wie er es sich gewünscht hatte.

In der eigenen Rolle sei sein Schwanken nicht mehr so ausgeprägt, aber er spüre den linken Oberschenkel deutlich, eine leichte Spannung. „Ich freue mich, daß ich den Vater vor mir habe, wenn auch nur symbolisch."

In bezug auf die Mutter stellt er fest, es sei „zumindest nicht negativ". Er habe jetzt „direkten Blickkontakt" zu ihr. „Der Platz stimmt so."

In der Rolle des Vaters sagt er: „Ich fühle mich hier wohl." Er dreht die Mutter mehr zu sich her, so daß er direkt hinsehen kann.

In der Rolle der Mutter äußert er sich, jetzt sei es angenehmer. Der Vater solle sich zu ihr und dem Sohn drehen.

Diese Aussage führt zu der Annahme, daß die Mutter dieses Bild für sich als Realiät gewählt hat. Die Bindung zu ihrem ersten Mann wäre damit nicht gelöst, und somit sein Tod nicht anerkannt. Den zweiten Ehemann erwähnt sie nicht. Wenn dem Klienten das Bild so dargestellt wird, muß er sich nicht mit dem Tod des Vaters und den damit verbundenen Gefühlen, nämlich Verlust und Trauer, konfrontieren. Er spricht weder von seiner eigenen Trauer noch von der der Mutter.

Der Klient wird aufgefordert, sich vorzustellen, daß sein Vater ihn als seinen Sohn benennt, indem er sagt: „Ich bin dein Vater und du bist mein einziger Sohn."

Der Klient kommentiert: „Wenn es beide Eltern sagen, ist es gut. Dann ist es auch mit Stiefvater besser."

Diskussion

Die Tatsache des frühen Todes des Vaters weist auf eine mögliche systemische Verstrickung oder eine mögliche unterbrochene Hinbewegung hin. Die Aussage des Klienten widerspricht dem jedoch. Der Vater ist einbezogen und geachtet.

Durch die Anerkennung vom Vater wird der Klient in seiner Position gestärkt. So ist zu verstehen, daß er dem Stiefvater gegenüber bessere Gefühle bekommt. Es wird deutlich, wo er hingehört, und daß er mit dem Stiefvater systemisch gesehen nichts zu tun hat.

Als nächster Schritt im therapeutischen Prozeß kann der Tod des Vaters von der Mutter und vom Sohn anerkannt werden.

Daten anderer Quellen aus Erhebungen im Rahmen des Projektes

Beruf: Ingenieur.

Diagnose: Agoraphobie und Sozialphobie, seit 5 Jahren.

Belastungsgrad: mittelschwer.

Eingangsdiagnostik: Ängste, Depressivität, selbstunsichere Persönlichkeit.

Symptomatik: Angstzustände und Depressionen, Probleme mit Adoptiv-Tochter, Kränkung im Beruf.

Krankheiten: schwere Psoriasis.

Familiäre Traumata/Tabus: Tod des Vaters; zweite Ehe der Mutter blieb für den Klienten undurchsichtig; Sexualität und andere Gefühle und Absichten in der Familie untereinander tabu.

Familiäre Integrationsleistung: wenig Zusammenhalt, eher Parteienbildung aus dem Erleben des Klienten, Mutter und Klient gegen Stiefvater und Stiefschwestern.

Kindheitsängste: ängstlich vor Kindergartenbesuch; als kleines Schulkind einen Sturm erlebt, der Wälder verwüstete; viel Angst vor Narkose mit 6/7 Jahren. Der Klient beschreibt sich als pflegeleichter, stiller, zuschauender Außenseiter.

Beziehung zu Partnern: nach über 20jähriger Ehe Einverständnis, Toleranz, Akzeptanz; Klient versucht, dominant zu sein, gibt aber oft nach.

Impulsive Handlungsmuster: keine selbstdestruktiven Handlungen bekannt; Medikamente äußerst ungern und selten; kann unbeherrscht, aggressiv reagieren.

Affektivität: sehr gehemmt bis zwanghaft; kann Erfahrungen und Fähigkeiten nicht recht zur Geltung bringen.

Interpersonale Beziehungen: feste Partnerbeziehung; im beruflichen Kollegenkreis integriert; große Probleme mit Adoptivtochter und Vorgesetzten.

Klientin 7

Frau; Altersgruppe: 30-40 Jahre; Zahl der Geschwister: 3; Halbgeschwister: -; Stelle in der Geschwisterreihe: 1; Familienstand: ledig; Zahl der Kinder: - .

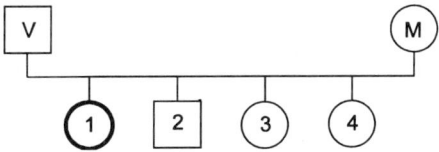

Hinweise auf eine systemische Verstrickung im explorierenden Gespräch

- Als der Vater 6 Jahre alt war, fiel sein Vater im Krieg.

- Das Geheimnis in der Familie über das niemand spricht, aber jeder weiß: Die jüngere Schwester ist lesbisch, ebenso wie eine Tante der Mutter, deren Verwandtschaftsgrad unklar bleibt. „Eine komische Figur." Auch die Mutter der Mutter „hatte Neigungen". „Die Mutter verläßt den Raum, wenn darüber gesprochen wird. Das ist eine Tatsache, die sie offen ignoriert." Die Tante „gehört eigentlich nicht dazu. Die gibt´s ja gar nicht."

- Alle haben Angst in der Familie außer der Mutter.

- Die Klientin macht anfänglich keine klaren Angaben darüber, ob sie zwei oder drei Geschwister hat.

Erste Annahmen

- Die Tante ist ausgeschlossen und nicht geachtet. Sie scheint jedoch wichtig zu sein. Denn jedesmal, wenn das Gespräch auf das Thema „lesbisch" oder die Tante kommt, wird die Klientin ganz lebendig und vergnügt.

- Die Klientin folgt dem Vater nach, der seinem Vater nachfolgt.

Aufstellung

Es ist schwierig, einen Platz für die Tante zu finden. Auf jeden Fall gehöre sie zur Mutter. Dann wiederum sagt die Klientin: „Die gehört ja eigentlich nicht dazu. Die gibt's ja gar nicht."

Annahme: Möglicherweise stellt die „Tante" keine reale Person dar, sondern die nicht gelebten Gefühle der Mutter der Mutter.

In der Rolle des Vaters spürt die Klientin den Druck der Verantwortung, der körperlich „schwer auf den Schultern" laste und durch eine Schwere „in den Knien" wahrnehmbar sei. Ihm sei „vieles lästig". In dieser Rolle atmet die Klientin schwer.

In der Rolle der Mutter sagt sie: „Ich würde gern dazugehören, aber ich habe keine Ahnung, wie ich es machen könnte." Sie atmet auf, als sie aus der Rolle geht.

In der eigenen Rolle beschreibt sie ihren körperlichen Zustand: „Es ist nicht so einfach. Ich kann stehen bleiben, aber es kostet Mühe."

Dem Bruder geht es gut.

In der Rolle ihrer lesbischen Schwester sagt sie, sie fühle sich ungeliebt. Zum körperlichen Zustand befragt, antwortet sie: „Ich kann nicht im Körper sein. Ich bin unbeholfen, und mache immer das Falsche. Ich weiß nicht, wo ich sein will." Es sei anstrengend an dieser Stelle.

In der Rolle der jüngsten Schwester fühlt sie sich nicht wohl. „Ich glaube, daß das gar nicht so stimmt." Alle außer der Mutter seien zu laut, „lärmende, schreiende Personen".

In der Rolle der Tante nimmt sie sich „hämisch" wahr. Zum Vater sagt sie: „Ihr möchtet gern, daß alles o.k. ist, aber ich habe euch gezeigt, daß doch nicht alles o.k. ist." Sie zeige ihm damit, daß es etwas gibt, was er nicht haben will.

Weitere Hinweise im ersten Bild der Aufstellung

Keine.

Weitere Annahmen

Keine.

Zielrichtung

Die „Tante" integrieren.

Lösungssuche

Den Vorschlag einer Ordnung kommentiert die Klientin von der Metaposition aus: „So ist es nicht!"

In der Rolle der Mutter sagt sie über den Vater: „Eigentlich hätte ich ihn gerne weg. Er macht mir Angst." Auf die Aufforderung, zu ihm hinzusehen, „wird es langsam besser. Der Mann ist ein bißchen geschrumpft." Sie lacht.

Der Vater will alle weiter weg.

Der Bruder fühlt sich in der Geschwisterreihe „eingeklemmt zwischen den Schwestern."

Für die lesbische Schwester ist es jetzt „gut".

Die jüngste Schwester fühlt sich „plötzlich gleichberechtigt".

Dem Wunsch des Vaters entsprechend nehmen alle etwas mehr Abstand voneinander, wobei die Konstellation der Idealaufstellung erhalten bleibt.

Für den Vater ist das „o.k.". Die Mutter will noch etwas verändern. Auf die Aufforderung, sich mehr dem Vater zuzuwenden und immer wieder einen Blick hinzuwerfen, sagt sie, dann wäre es „o.k."

Die Klientin habe an der eigenen Stelle „genug Platz, aber es ist ein ungewohnter Anblick." Sie würde alles ändern. Doch sei dies „ein Bild, das der Realität entspricht."

Der Bruder findet sich damit ab.

Die lesbische Schwester fühlt sich gut.

In der Rolle der jüngsten stellt die Klientin fest, es sei „immer noch ein bißchen ungewohnt", jetzt sei sie „hochgehoben in die gleichberechtigte Position", obwohl sie „bisher von allen dominiert" worden sei.

In der Rolle der Tante ist „jetzt alles geordnet geworden", der Vater habe Hilfe bekommen, sie selbst sei nicht mehr so gefährlich.

In der Metaposition nickt die Klientin, als sie das Lösungsbild betrachtet und sie sich die einzelnen Personen vorstellt. „Das ist ein Bild von einer Familie."

Diskussion

Die Aussage der Tante, der Vater habe Hilfe bekommen, ist im Rahmen der vorgegebenen Strukturen nicht verständlich. Daher kann es als Hinweis gewertet werden, daß es sich nicht um eine reale Person handelt, sondern um eine Tendenz einer Person im System. Es könnte dies die Tendenz sein, Männer auszuschließen, was lesbische Frauen faktisch tun. Andererseits wird im System wiederum dieses Thema ausgeklammert.

Da alle Personen geachtet sein müssen, zieht dieses Verhalten Konsequenzen für das System nach sich. Wird eine ausgeschlossene Person wiederaufgenommen, bewirkt dies Veränderungen im System. Die lesbische Schwester, die die Erinnerung wachhält an die Tante, oder was immer durch die „Tante" repräsentiert ist, fühlt sich „gut", als diese einen Platz im System bekommt.

In der Praxis zeigt sich, daß man in einem System ein Geheimnis, also Gefühle oder Verhalten, die von den anderen verheimlicht werden, wie ein Familienmitglied behandeln kann. Sein Fehlen wird von den anderen bemerkt, es gehört dazu und muß seinen Platz einnehmen.

Daten anderer Quellen aus Erhebungen im Rahmen des Projektes

Beruf: Studentin.

Diagnose: Sozialphobie seit 11 Jahren.

Belastungsgrad: schwer.

Eingangsdiagnostik: Redeangst, Panikzustände, Hinweise auf Borderlinepersönlichkeit.

Symptomatik: Panikanfälle, Sprechangst, Kontrollverlust, Abgrenzungsprobleme.

Krankheiten: ab dem 9. Lebensjahr häufig Kopfschmerzen.

Familiäre Traumata/Tabus: Eltern der Mutter haben den Vater nicht anerkannt; Mutter der Mutter war Alkoholikerin; Eltern der Mutter mußten wegen des ersten Kindes (Mutter der Klientin) heiraten, hatten schlechte Ehe, Streit.

Familiäre Integrationsleistung: Klientin sah sich ab dem 6. Lebensjahr überfordert mit Geschwisteraufsicht; viel Tadel vom Vater; familiäre Integration fraglich; Schwester hat Bulimie.

Kindheitsängste: „normal ängstlich"; ruhig und still.

Beziehung zu Partnern: Klientin war zuhause die „Vernünftige"; bei Partnern oft dominant und die Stärkere in sozialen Beziehungen.

Impulsive Handlungsmuster: nicht auffällig, wenige Hinweise.

Affektivität: heftiger Streit mit Vater von eineinhalb Jahren; deprimierte Grundstimmung, Labilität.

Interpersonale Beziehungen: Im ersten Fargebogen werden die Geschwister nicht erwähnt. Mit Bruder kein Kontakt; unklar, ob neben dem festen Partner weitere wichtige Bezugspersonen existieren.

Klient 8

Mann; Altersgruppe: 30-40 Jahre; Zahl der Geschwister: 3; Halbgeschwister: -; Stelle in der Geschwisterreihe: 3; Familienstand: ledig; Zahl der Kinder: - .

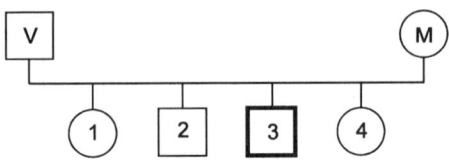

Hinweise auf eine systemische Verstrickung im explorierenden Gespräch

- Der ältere Bruder wurde mit drei Jahren zu einem Bruder des Vaters weggegeben, der selbst keine Kinder hatte, um dort an Kindes Statt aufgezogen zu werden. Die Mutter des Vaters habe das bestimmt. Bis heute wende sich dieser Bruder an den Klienten, wenn er Probleme habe.

- Der Vater leidet an Asthma.

- Die Mutter leidet in den letzten Jahren an Depressionen.

Erste Annahmen

- Die Ordnung der Geschwisterreihe ist gestört, da der älteste Bruder nicht seine Stelle einnimmt.

Aufstellung

In der Aufstellung liegen die Blätter aller Familienmitglieder nebeneinander.

Der Vater wendet sich hinaus, und dreht sich dann doch zurück.

In der Rolle des Vaters hat der Klient „Gleichgewichtsschwankungen rundum und eine Anspannung, um sie auszugleichen." Er fühle sich oft allein, da zwischen ihm und seiner Frau „kein gegenseitiges Verständnis da" sei. „Ich kann nichts recht machen; ich ziehe mich zurück." Beim Sohn, dem Klienten, könne er sich „gut aufgehoben fühlen".

In der Rolle des ältesten Kindes stellt der Klient fest, er müsse „innerlich mit dem Gleichgewicht kämpfen." Mit den Geschwistern jedoch sei es gut.

In der Rolle des weggegebenen Bruders ist er „gut auf dem Boden, am realistischen Platz." Er spüre ein „Zittern in den Oberschenkeln." Dennoch wäre er „am liebsten in der Mitte, aber da kann nicht jeder sein. Ich bin der, der in der Familie nicht soviel beeinflussen kann, obwohl ich der älteste bin."

An der eigenen Stelle müsse er „schauen, daß ich das Gleichgewicht halten kann." Er nehme eine „Spannung in den Oberschenkeln" wahr, habe „viel Verantwortung und Schuldgefühle den Eltern gegenüber".

Weitere Hinweise im ersten Bild der Aufstellung

Keine.

Weitere Annahmen

Keine.

Zielrichtung

Die Geschwisterfolge in Ordnung bringen, indem der ältere Bruder seinen Platz einnimmt.

Lösungssuche

Den Vorschlag einer Ordnung kommentiert der Klient aus der Metaposition. Der gleiche Abstand zu allen Kindern sei „besser so".

In der Rolle des Vaters geht es ihm „besser; die Wertigkeit zur Frau und zu den Kindern stimmt eher." Körperlich sei er „noch etwas verkrampft, aber nicht mehr so schwankend." Eine empfohlene Drehung zu seiner Frau macht es „ein Stückchen besser, gleichwertiger."

In der Rolle der Mutter nehme er sich „wesentlich weniger verkrampft, gut standfest" wahr. Zum Mann neben sich bemerkt sie: „Ich habe jetzt einen Partner, so daß ich in den verschiedensten Sachen nicht mehr allein bin."

In der Rolle der ältesten Schwester müsse er weiterhin auf sein Gleichgewicht achten. „Positiver ist, daß der Kontakt zu allen gleich ist, sowohl zu den Geschwistern wie zu den Eltern."

Mit dem zweiten Kind, dem weggegebenen Bruder, ist es „positiv, da der Bruder denselben Kontakt hat wie die anderen."

Der Klient wird in der Rolle der Ältesten aufgefordert, die Reihe der Geschwister zu benennen: „Ich bin die älteste, du bist der zweite ..." etc.

Danach stellt er fest: „Eine gewisse Verantwortung ist nicht schlecht, wäre positiv." Das Gleichgewicht sei besser geworden.

In der Rolle des zweiten Kindes, des weggegebenen Bruders findet er es „besser. Die Gemeinschaft des Geschwister ist gut."

An der eigenen Stelle sind die „Spannungen nicht mehr so da". Er sei jetzt „standfest". Positiv sei, „daß ich jemanden hätte, an den ich mich wenden kann." Auch mit den Eltern sei es besser, „da sie beide auf derselben Stufe stehen." Das sei „beruhigend".

In der Rolle der Jüngsten sei es „besser, als letzte in dieser Reihe."

Diskussion

Als ein zentrales Thema trat die Verantwortung in den Vordergrund. Der Klient war, da sein älterer Bruder nicht in der Familie lebte, als ältester behandelt worden, so daß jener bei ihm bis heute Rat holte. Sobald die Rangordnung der Geschwister benannt wurde, verlagerte sich das Gewicht und die älteste Schwester empfand ihre Verantwortung als „positiv". Die körperlichen Spannungen ließen bei allen nach, was ein Zeichen für eine bessere Ordnung ist.

Im systemischen Denken besteht ein Gefälle in bezug auf die Verantwortung zwischen den Geschwistern. Das älteste Geschwister trägt jeweils die Verantwortung für den oder die nächsten. Wird die Ordnung nicht eingehalten, so fühlen sich die einen überlastet und die anderen beunruhigt.

Daten anderer Quellen aus Erhebungen im Rahmen des Projektes

Beruf: Angestellter.

Diagnose: Panikstörung.

Zu den übrigen Kategorien keine Angaben.

5. Diskussion

Wie erwartet, fanden sich im Rahmen des explorierenden Gespräches und der Aufstellung bei jedem der hier untersuchten Klienten Hinweise im Sinne der genannten Kriterien auf eine systemische Verstrickung und/oder eine unterbrochene Hinbewegung, wie aus den Darstellungen (S. 127ff.) zu entnehmen ist. Sie führten über die im einzelnen angeführten Annahmen, weitere Informationsgewinnung und spezifische Interventionen zu einem Endbild der Einzelaufstellung (s. Kap. 4 des Praktischen Teils). Im Verlauf der Sitzungen konnten sich die Klienten im ersten Bild der Aufstellung gut einfühlen. Sie zeigten differenzierte Wahrnehmungen in den Rollen und konnten diese Wahrnehmungen genau unterscheiden und benennen.

Dieses erste Aufstellungsbild gibt das innere Bild des Klienten wieder, das er in sich von seiner Familie trägt. Der erste Lösungsvorschlag hingegen stellt eine Veränderung dieses Bildes dar und rührt damit an den Zustand, den der Klient als stabil erlebt. Abhängig von der therapeutischen Beziehung und dem aktuellen psychischen Status kann der Klient eine Destabilisierung seines Bildes und eine Neugestaltung zulassen. Dies kann nur auf der bildhaft-analogen Ebene geschehen. Kann er diese Ebene beibehalten, so kann der Therapeut ihn zu einem Lösungsbild führen. Im anderen Falle müssen vorher andere Schritte stattfinden.

Ergebnisse für den Klienten

Daher zeigen die Endbilder für die einzelnen Klienten qualitative Unterschiede, die sich bei Aufstellungen sowohl in der Einzelarbeit als auch in der Gruppe beobachten lassen. Der Abschluß des therapeutischen Prozesses kann u.a. eine Lösung einer systemischen Verstrickung oder eine Stärkung des Klienten bedeuten. Es kann auch die Dynamik des Systems klar zutage treten, ohne daß dies eine Lösung im unten beschriebenen Sinne für den Klienten darstellt.

Als Lösung kann bezeichnet werden, wenn eine Verstrickung gelöst wird oder eine unterbrochene Hinbewegung wiederaufgenommen werden kann. Letzteres erfordert das erneute Erleben von tiefen Gefühlen, wobei eine stabile therapeutische Beziehung notwendig ist und eine umgebende Gruppe hilfreich sein kann.

Das Bild einer Ordnung im System bedeutet die Anerkennung aller Zugehörigen. Handelt es sich bei der systemischen Verstrickung innerhalb des Systems um ein ausgeschlossenes Element, wie bei Klient 1 und Klientin 7, so führt bereits die Ordnung im System und damit die Anerkennung des Fehlenden als eines Zugehörigen zu einer Lösung.

Eine Stärkung des Klienten findet statt, wenn er sein System oder zumindest Teile davon als Ressourcen, das heißt als stärkend, erleben kann. Dies bedeutet einen ersten Schritt im therapeutischen Prozeß, in dessen Rahmen noch Themen verschiedener Schwere zu bearbeiten sind, und dessen Richtung durch die Aufstellung deutlich wird, wie bei Klient 4, Klientin 5 und Klient 6.

Für einen weiteren Verlauf der Therapie muß der Therapeut jedoch beachten, welche Therapieziele der Klient für sich definiert hat, und ob und wann weitere Schritte für den Klienten notwendig und möglich sind. Hierbei bedarf es der grundsätzlichen Überlegung, über welche Zeitspanne sich die Therapie erstrecken soll und welche Vorteile mehrere Therapiesitzungen in regelmäßigen Abständen im Vergleich zu wenigen Sitzungen mit längeren Zwischenzeiten bieten.

In manchen Fällen kommt keine Lösung zustande und der therapeutische Prozeß wird vom Therapeuten beendet. Dieser Abbruch findet statt, wenn Informationen fehlen, die den Prozeß weiterführen könnten, es dem Therapeuten nicht gelingt, den Rapport zu vertiefen oder der Klient nicht bereit oder nicht in der Lage ist, die therapeutische Kommunikation auf analoger Ebene zu führen.

Die Gründe dafür können vielschichtig sein. Ist zwischen dem Klienten und dem Therapeuten eine vertrauensvolle Beziehung entstanden, so fällt es dem Klienten leichter, sich der Führung des Therapeuten anzuvertrauen. Es besteht eher die Bereitschaft des Klienten, bisher nicht gelebte, da schmerzliche Gefühle zu aktualisieren. Meist hat er verschiedene Lösungsversuche unternommen, die nicht zum gewünschten Ziel geführt haben, und sich daher als Blockierung weiterer Versuche auswirken. Das Vertrauen zum Therapeuten kann dem Klienten einen Rückhalt geben, noch einmal einen Lösungsversuch zu unternehmen. Manchmal jedoch ist dem Klienten die therapeutische Arbeitsweise fremd. Mehr Kenntnis und Wissen über die Methode können ihm helfen, diese Schwelle zu überwinden, oft auch praktische Erfahrung des Klienten mit bildhafter Arbeit, die durch Übung zu einem sichereren Umgang führt.

Analoge und digitale Kommunikation

Im Laufe der Sitzungen wurde deutlich, welch große Rolle der Themenkomplex analoger und digitaler Kommunikation für den therapeutischen Prozeß in den Aufstellungen spielt. Auffallend war ein häufiger Wechsel der Kommunikationsebenen bei Klientin 2, Klientin 3 und Klient 4. Die zugeordneten Diagnosen Sozialphobie (Klientin 2), Persönlichkeitsstörung vom Borderlinetypus (Klientin 3) und Herzphobie (Klient 4) lassen jedoch keinen Zusammenhang auf der diagnostischen Ebene erkennen. (Vgl. Kap. 3.9. im theoretischen Teil über „Analoge und digitale Vermittlung von Informationen", S. 41)

Diese Klienten gingen aus der analogen Kommunikation heraus, indem sie sich plötzlich auf die Gegenwart oder auf Personen in ihrem aktuellen System bezogen oder bekundeten, den Verlauf der Aufstellung kontrolliert zu haben. In der Rolle selbst sprachen sie wie von der Metaposition aus, was ebenfalls ein Hinweis ist, daß sie nicht in einer bildhaften, analogen Form, sondern in einer kognitiv-digitalen Form kommunizierten.

Wenn der Klient einen Wechsel der Kommunikationsebenen vollzieht und damit die analoge Kommunikation unterbricht, so kann das als ein Hinweis darauf gewertet werden, daß er genau an dieser Stelle auf ein zentrales Thema stößt. Es besteht die Annahme, daß eine Auseinandersetzung mit dem Thema ihn jedoch zu diesem Zeitpunkt an zu starke Gefühle heranführt, so daß er es nicht in den Vordergrund treten läßt.

Da ein Wechsel von analogem zu digitalem Denken innerhalb kürzester Zeit möglich ist, kann der Therapeut innerhalb einer Sitzung den Klienten immer wieder von der digitalen auf die analoge Ebene zurückführen. Dies geschieht vor allem durch Fokussierung der Körperwahrnehmung. Von Interesse ist eine genauere Untersuchung der hier beschriebenen Vorgänge im Zusammenhang mit Trancearbeit, vor allem mit Möglichkeiten von Tranceinduktion. Eine Verbindung mit dem umfangreichen Methodeninventar der von Milton Erickson ausgehenden hypnotherapeutischen Fachliteratur wäre hier wünschenswert. (Vgl. z.B. Revenstorf, 1990.)

Auswahl des relevanten Themas

Aus den Hinweisen des Klienten auf eine systemische Verstrickung oder eine unterbrochene Hinbewegung wählt der Therapeut die Aspekte für das weitere Vorgehen aus, die im Vordergrund stehen. Er gründet auf diese Aussagen seine ersten Annahmen über die Strukturdynamik des Systems, um sie in der Aufstellung zu verifizieren oder zu falsifizieren. Das zentrale Thema kann daher in der Sitzung vor allem in einer frühen Phase wechseln. Der Suchprozeß kann jedoch auch durch eine neu auftauchende, bedeutsame Information zu jedem Zeitpunkt während der Aufstellung in eine gänzlich neue Richtung gelenkt werden. Das vordergründige Thema scheint keine objektive Eigenschaft des Systems zu sein, sondern vom Verlauf der Aufstellung abzuhängen. Daher ist es sinnvoll, daß der Klient vor Beginn der Sitzung eine konkrete Frage formuliert, für die er mit Hilfe einer Aufstellung eine Lösung sucht. Dadurch wird sowohl seine Aufmerksamkeit als auch die des Therapeuten gebündelt und auf ein zentrales Thema fokussiert. Zu klären ist, wie weit diese Fokussierung auch die Rollenspieler betrifft, die in einer Aufstellung in der Gruppe die einzelnen Familienmitglieder darstellen.

Dieses schrittweise Vorgehen des Therapeuten, der vor dem Hintergrund des theoretischen Modells über die Notwendigkeit eines Ausgleichs in Systemen seine Annahmen entwirft, durch die Aussagen und Konstellationen in der Aufstellung überprüft und aus den Ergebnissen neue Annahmen entwickelt, bezeichnet Hellinger als phänomenologisch. (Vgl. S. 83)

Bei der Strukturierung des therapeutischen Prozesses achtet der Therapeut in erster Linie bei verwandtschaftlich nahen Personen auf Hinweise auf eine systemische Verstrickung, so wie sie als Kriterien definiert sind (siehe S. 122). Oft ist es angebracht, eine systemische Verstrickung oder einen mangelnden Ausgleich von Geben und Nehmen zu Familienmitgliedern ersten Grades vorrangig zu thematisieren, da zu diesen engere Loyalitätsbeziehungen bestehen als zu weiter entfernten Verwandten (siehe S. 63ff). Dennoch sagt der Verwandtschaftsgrad allein wenig über die Qualität der Verstrickung und die Heftigkeit ihrer Symptome aus. Als weiterer Faktor ist die Schwere des Unrechts oder des Schicksals zu berücksichtigen, die eine verwandtschaftlich weiter entfernte Person zum relevanten Element im System des Klienten machen kann.

Systemische Verstrickung und Entwicklungen nach der Aufstellung

Innerhalb einer Aufstellung wird meist **ein** Themenkomplex behandelt, selbst wenn deutlich wird, daß mehrere Verstrickungen im System am Wirken sind. Manche Systeme sind durch eine Vielzahl von Ereignissen massiv belastet, die die Qualität der Beziehungen und das Befinden aller Systemangehörigen beeinflussen (vgl. Klientin 3). Eine Aufstellung kann einen ersten Schritt zu einer Lösung bedeuten. Wird durch eine Aufstellung ein Aspekt zur Lösung geführt, der als aktuelles zentrales Thema behandelt wurde, so tritt häufig ein weiterer Aspekt in den Vordergrund. Es ist, als ob seine Bedeutung erst nach der Klärung oder Lösung anderer Themen zum Tragen kommen kann.

Entsprechend der Systemtheorie, nach der alle Elemente eines Systems untereinander verbunden sind, kann ein Ereignis auf mehrere Personen und ihre Beziehungen Auswirkungen haben. Es läßt sich in der Familiengeschichte von Klienten nachverfolgen, daß eine grundlegende Verstrickung weitere Verstrickungen in der nächsten Generation nach sich ziehen kann. In manchen Fällen gibt es prospektive Hinweise auf eine Weitergabe des Klienten auf seine Kinder. Eine umfassende Diskussion dieses Themenkomplexes überschreitet jedoch den Rahmen dieser Studie.

Durch die ausgelösten Veränderungen in der Sicht und damit der inneren Haltung des Klienten verändern sich innerhalb der Familie häufig auch die Beziehungen zwischen und zu den anderen Mitgliedern, die nicht im Mittelpunkt des therapeutischen Prozesses standen (vgl. Klientin 7).

Für eine stabile Lösung sind meist mehrere Schritte notwendig, die wie auf einem Weg die Linie der Verstrickungen zurückverfolgen. Es läßt sich beobachten, daß sich Menschen zu Partnern wählen, die ein ähnliches Schicksal teilen. So finden sich in manchen Familien systemische Verstrickungen sowohl in der väterlichen als auch in der mütterlichen Linie. In einer Aufstellung wird eine Zielrichtung ausgewählt und fokussiert, die anderen bis auf weiteres in den Hintergrund gerückt.

Die einzelnen Schritte zu einer stabilen Lösung können Aufstellungen in größeren Zeitabständen zu den verschiedenen Themen sein oder aufeinanderfolgende Interventionen während einer Aufstellung, die mehrere Personen im dargestellten System betreffen. Besonders hilfreich ist dabei eine Gruppe, deren Teilnehmer stellvertretend für die Familienmitglieder etwa ungeklärte Beziehungsaspekte oder unausgesprochene Systemstrukturen benennen.

Aufstellungen in der Einzelarbeit und in der Gruppe

Die Aufstellungen in der Einzelarbeit haben sich für die Strukturrecherche der Familiensysteme der Klienten bewährt, wie aus den einzelnen Darstellungen (s. S. 127ff.) ersichtlich wird. Auch ein Aufbau von Ressourcen hat sich als möglich erwiesen, indem die Ordnung im System dargestellt und eine Verbindung zu den Eltern, Geschwistern und in manchen Fällen Großeltern geschaffen wird. Dies kann dem Klienten zu einer anderen und deutlicheren Wahrnehmung seiner selbst in dem Familien- oder Systemkontext verhelfen, in dem er faktisch lebt.

Durch die Aufstellung kommt der Klient rasch an zentrale Themen und Gefühle. In der Einzelarbeit hat er die Möglichkeit, durch den Wechsel von der analogen zur digitalen Ebene der Auseinandersetzung auszuweichen. Auch kann er den Prozeß abbrechen, indem er das Setting ganz verläßt. Der Therapeut kann versuchen, den Klienten durch Konzentration auf seine Körperwahrnehmungen in der Rolle zur analogen Ebene zurückzuführen. Oft gelingt das, doch manchmal bleibt der Klient in der kognitiven Betrachtung des Geschehens. Diesem Hinweis muß der Therapeut dann Folge leisten und die Entscheidung des Klienten achten, wenn die therapeutische Beziehung erhalten bleiben soll. Innerhalb der Gruppe hingegen wird der Prozeß weitergeführt. Hier stehen dem Klienten andere Möglichkeiten zur Verfügung, sich vor zu starken Gefühlen zu schützen, die bei einer Konfrontation mit bisher vermiedenen Themen auftauchen können.

Der Klient hat in der Gruppe mehr Distanz zum Geschehen und kann die Erfahrungen, Gefühlsäußerungen und Veränderungen in dem Ausmaß annehmen, wie es sein momentaner psychischer Status erlaubt. Was seine Bereitschaft und Kapazität zu diesem Zeitpunkt übersteigt, kann er als nicht zutreffend zurückweisen und als Aussagen fremder Personen betrachten.

Bestimmte Konstellationen sind in der Einzelaufstellung nicht zu lösen, sondern bedürfen der Unterstützung und Beteiligung von Gruppenmitgliedern. Wenn in einer Familie so zahlreiche Hinweise auf eine systemische Verstrickung vorliegen, wie etwa bei Klientin 13, deutet dies auf eine schwere Belastung des Systems hin. In der Einzeltherapie steht die Kapazität von zwei Personen zur Verfügung, die für eine solche Komplexität schwerlich ausreicht. Auch beinhalten Themen, die ein Familienmitglied in einer faktischen Schuld durch ein schweres Verbrechen zeigen, oder politische Themen von Schuld und Verstrickung, z.B. Zugehörigkeit zur Gestapo, oder gewaltsamer Tod im politischen Kontext, z.B. im Konzentrationslager, für die Einzelsitzung zuviel Wucht und können in einer Gruppe besser getragen werden. Die Parallele scheint auf, daß dies eine Thema von öffentlichem Interesse ist, an dem die Gesellschaft als solche ihren Teil trägt und daher auch in öffentlichem Rahmen behandelt werden muß.

Vorteile der Aufstellung in einer Gruppe

Aufstellungen in der Gruppe bieten gegenüber der Einzelarbeit mehrere Vorteile. Der Klient tritt nicht wie in der Einzelarbeit nach der Aufstellung in die einzelnen Rollen, um seine Wahrnehmungen, vor allem körperlicher Art, zu untersuchen, sondern nimmt im Kreis der nicht aufgestellten Gruppenteilnehmer als Zuschauer Platz. Andere Personen stellen seine Familienmitglieder in den Rollen dar, sprechen ihre Wahrnehmungen aus und vollziehen im Kontext des Systems Handlungen, um ein Lösungsbild zu erreichen. Der Klient kann von außen dem Ablauf folgen und von den vorgetragenen Handlungen, Begegnungen und Gefühlen annehmen, was für ihn zu diesem Zeitpunkt annehmbar ist und zurückweisen, was er als nicht annehmbar empfindet.

Der sogenannte Widerstand des Klienten wird durch seine Zuschauerrolle umgangen, da von ihm nicht verlangt wird, zu den Inhalten eindeutig Stellung zu beziehen. Auch wenn er die Entwicklung des Lösungsbildes und das Endbild selbst kognitiv ablehnt, so scheinen die Bilder trotzdem (weiter) zu wirken. Es läßt sich in der Praxis beobachten, daß im Verlauf von einem bis zwei Jahren die Inhalte integriert werden, auch wenn der Klient sich anfänglich dagegen gewehrt hat. Dies würde den Aussagen von Watzlawick und Bateson entsprechen, daß keine Verneinung möglich ist, in diesem Kontext also keine Verneinung und Ablehnung des Lösungsbildes (vgl. S. 32). Demnach kann eine Ablehnung auf kognitiver, jedoch nicht auf analoger Ebene geschehen. Die Wirksamkeit von Aufstellungen könnte durch das Zusammenspiel beider Ebenen erklärt werden, wobei das Lösungsbild auf analoger Ebene wirkt.

Dies verweist auf die ethische Anforderung, der der Therapeut folgen muß: Er muß seine Arbeit ganz in den Dienst der Entwicklung des Klienten stellen und dem Klienten ein Bild mitgeben, das auf allen Ebenen der Kommunikation ethisch vertretbar ist, selbst wenn es der Klient ablehnt und nicht bewußt in sich aufnimmt.

Die Rollenspieler durchleben Gefühle, die sie leichter zulassen können als der Klient selbst, da sie als Person weniger betroffen sind als der Klient (insofern sie sich auf das Spiel der Rolle einlassen). Innerhalb des Settings beinhaltet ihre Rolle, nach einer Lösung zu streben, während der Klient häufig am Problem haftet. Durch diese oft unterschiedlichen Betrachtungsweisen, der Lösungs- und der Problemorientierung, kann im Klienten eine kognitive Dissonanz entstehen, die ihn zur Entwicklung weiterer eigener Lösungsversuche anregt.

Besondere Beachtung verdient, welche Dienste die Menschen sich in einer Aufstellung gegenseitig erweisen. Die meist fremden Menschen, die in einer Gruppe zusammenkommen, stellen sich zur Verfügung, ein Abbild dessen zu geben, was in der Familie des Klienten wirkt. Sie treten in die Rollen ihnen unbekannter Menschen und lassen sich Gefühle erleben, die nicht zu ihrer eigenen Person gehören. Jeder einzelne Teilnehmer trägt durch seine Anwesenheit, Konzentration und seinen Einsatz für die Lösung eines anderen seinen Teil zum Gelingen bei.

Unterbrochene Hinbewegung

Nach den Beobachtungen von Hellinger ist eine Person nicht von mehr als einer systemischen Verstrickung betroffen. Es treten jedoch nicht selten im explorierenden Gespräch und in den Aufstellungen Hinweise auf eine systemische Verstrickung und zusätzlich eine unterbrochene Hinbewegung auf. Dies läßt sich damit erklären, daß der Komplex einer unterbrochenen Hinbewegung eine andere strukturelle Bedeutung besitzt als eine systemische Verstrickung.

Unterbrochene Hinbewegung kann ohne systemische Verstrickung eines Elternteiles auftreten. Dies ist der Fall, wenn die Mutter oder der Vater physisch für das Kind nicht erreichbar waren, da sie bereits verstorben oder abwesend waren. Ganz alltägliche Ereignisse, wie ein Krankenhausaufenthalt des Elternteils oder auch des Kindes, durch den der Kontakt unterbrochen war, können hier zugrundeliegen.

Andererseits stellt eine unterbrochene Hinbewegung häufig eine Folge einer systemischen Verstrickung dar, ohne selbst eine solche zu sein. Daher kann sowohl dieses wie jenes auftreten. Die unterbrochene Hinbewegung kann als Hinweis auf eine systemische Verstrickung in der Elterngeneration dienen. Durch eine Aufstellung läßt sich diese Annahme überprüfen.

6. Ausblick und weitere Forschungsanliegen

Gerade die Möglichkeit, in kurzer Zeit ein deutliches Bild über strukturelle Zusammenhänge des Systems zu gewinnen, in dem der Klient lebt, und die tiefe Wirkung, die die analoge Arbeit entfaltet, macht es wünschenswert, diese Methode mit wissenschaftlicher Forschung zu untermauern.

Zur Überprüfung des Konzeptes kann ein Vergleich von Daten stattfinden, die, wie im Rahmen des genannten Projektes, durch Fragebögen und Interviews von Fremdforschern erhoben werden, mit Daten, die innerhalb einer Aufstellung zutage treten. Denkbar ist ebenfalls eine Studie zum Vergleich standardisierter Diagnosen und dem Konzept systemischer Verstrickung. Auch die Beziehung zu hypnotherapeutischen Methoden, dabei vor allem das Auftreten und die Nutzung von Trancephänomenen, und die analoge und digitale Kommunikation und Informationsvermittlung während des Therapieverlaufs sind von großem Interesse.

Inhaltliche Aspekte betreffen die Fragen, inwieweit therapeuten- und klientenübergreifend bestimmte Symptome bestimmten Konstellationen im Rahmen einer Aufstellung zuzuordnen sind, und ob es eine Art Symbolsprache gibt, die von bestimmten analogen Informationen auf auf eine bestimmte Verstrickung schließen läßt. In der Praxis finden sich immer wieder Beispiele, die zu einer solchen Annahme führen.

Weitere Forschungsanliegen sind katamnestische Studien zur Wirksamkeit, die Veränderungen des Befindens und der Qualität der Beziehungen des Klienten zum Inhalt haben. Gänzlich unerforscht ist, in welcher Weise der Klient einen Transfer in den Alltag vollzieht und und in welchem Zeitraum dies geschieht.

Literatur

Alberti, Luciano: Von quantitativer zur qualitativen Forschung. In: Faller, H.; Frommer, J. (Hg.): *Qualitative Psychotherapieforschung. Grundlagen und Methoden.* Heidelberg, 1994, S. 53-56.

Andrea, Connirae; Andreas, Steve: Einführung. In: Bandler, Richard; Grinder, John: *Reframing. Ein ökologischer Ansatz in der Psychotherapie (NLP).* Paderborn, 1985, S. 13-17.

Arnold, Stephan; Engelbrecht-Philipp, Gabriele; Joraschky, Peter: Die Skulpturverfahren. In: Cierpka, M. (Hg.): *Familiendiagnostik.* Berlin, 1987, S. 190-212.

Baldwin, Michele: Das Konzept der Triaden in Virginia Satirs Arbeit. In: Moskau, G.; Müller, G. F. (Hg.): *Virginia Satir. Wege zum Wachstum. Ein Handbuch für die therapeutische Arbeit mit Einzelnen, Paaren, Familien und Gruppen.* Paderborn, 1992, S. 47-66.

Bandler, Richard; Grinder, John: *Reframing. Ein ökologischer Ansatz in der Psychotherapie (NLP).* Paderborn, 1985. Engl. Erstausgabe 1982.

Bandler, Richard; Grinder, John; Satir, Virginia: *Changing with Families.* Palo Alto, 1976. Dt. Übs.: *Mit Familien reden. Gesprächsmuster und therapeutische Veränderung.* München, 1987^3.

Bateson, Gregory: Redundanz und Codierung. 1968. In: *Ökologie des Geistes.* Frankfurt a.M., 1990^3, S. 530-548.

Bateson, Gregory: *Steps to an Ecology of Mind, Collected Papers in Anthroplogy, Psychiatry, Evolution and Epistemology.* 1972. Dt. Übs.: *Ökologie des Geistes. Anthropologische, psychologische, biologische und epistemologische Perspektiven.* Frankfurt a.M., 1985. 1990^3.

Berne, Eric: The Nature of Intuition. *Psychiatric Quaterly, 23* (1949) 203-226.

Berne, Eric: *Games People Play.* New York, 1964. Dt. Übs.: *Spiele der Erwachsenen. Psychologie der menschlichen Beziehungen.* Reinbek, 1967.

Berne, Eric: *What Do You Say After You Say Hello?* New York, 1972. Dt. Übs.: *Was sagen Sie, nachdem Sie guten Tag gesagt haben?* München, 1975.

Böse, Reimund; Schiepek, Günther: *Systemische Theorie und Therapie. Ein Handwörterbuch.* Heidelberg, 1989.

Bonin, Werner F.: *Die großen Psychologen. Von der Seelenkunde zur Verhaltenswissenschaft.* Düsseldorf, 1983.

Bosch, Maria; Ullrich, Wolfgang (Hg.): *Die entwicklungs-orientierte Familientherapie nach Virginia Satir.* Paderborn, 1989.

Boszormenyi-Nagy, Ivan: Unveröffentlichte Mitschrift: Supervisionsseminar in der Klinik St. Irmingard, Prien. 1995.

Boszormenyi-Nagy, Ivan: Transgenerationelle Solidarität: Therapie und Prävention in einem erweiterten Kontext. *Psychother. med. Psychol., 39* (1989)(12) 433-443.

Boszormenyi-Nagy, Ivan: Vortrag auf dem 3. Int. Sommerseminar für kontextuelle Therapie, in Chexbres, Schweiz. 1988.

Boszormenyi-Nagy, Ivan: From family therapy to psychology of relationships: Fictions of the individual and fictions of the family. *Comprehensive Psychiatry, 7* (1966) 408-423.

Boszormenyi-Nagy, Ivan: Intensive Familientherapie als Prozeß. 1965. In: Boszormenyi-Nagy, I.; Framo, J. (Hg.): *Familientherapie. Theorie und Praxis.* Reinbek, 1975, Bd. I., S. 110-168.

Boszormenyi-Nagy, Ivan; Krasner, Barbara: *Between Give and Take. A Clinical Guide to Contextual Therapy.* New York, 1986.

Boszormenyi-Nagy, Ivan; Spark, Geraldine M.: *Invisible Loyalities.* New York, 1973. Dt. Übs.: *Unsichtbare Bindungen. Die Dynamik familiärer Systeme.* Stuttgart, 1981.

Boszormenyi-Nagy, Ivan; Ulrich, David: Contextual Family Therapy. In: Gurman, A.; Kniskern, D. (Eds.): *Handbook of Family Therapy.* New York, 1981, pp. 159-186.

Bowen, Murray: The Use of Family Theory in Clinical Practice. *Comprehensive Psychiatry, 7* (1966) 345-374.

Bowen, Murray: Toward the Differentiation of a Self in One's Family of Origin. In: Andres, F; Lorio, J. (Eds.): *Georgetown Family Symposia: A Collection of Selected Papers,* I. Washington, D.C., 1974.

Brunner, Ewald J.: Pioniere systemischen Denkens. In: Reiter, L.; Brunner, J.; Reiter-Theil, S. (Hg.): *Von der Familientherapie zur systemischen Perspektive.* Heidelberg, 1988, S. 273-284.

Buber, Martin: Das Raumproblem der Bühnen. 1913. In: Buber, M.: *Hinweise. Gesammelte Essays.* Zürich, 1953, S. 201-210.

Buber, Martin: *Ich und Du.* 1923. Heidelberg, 1994[12].

Buber, Martin: Drama und Theater. Ein Fragment. 1925. In: Buber, M.: *Hinweise. Gesammelte Essays.* Zürich, 1953, S. 197-201.

Buber, Martin: *Hinweise. Gesammelte Essays.* Zürich, 1953.

Buber, Martin: *Reden über Erziehung.* Heidelberg, 1953b.

Buber, Martin: *Schuld und Schuldgefühle.* Heidelberg, 1958.

Buber, Martin: *Das dialogische Prinzip.* Heidelberg, 1984[5.]

Buer, Ferdinand (Hg.): *Morenos therapeutische Philosophie. Die Grundlagen von Psychodrama und Soziometrie.* Opladen, 1991[2].

Buer, Ferdinand: Morenos therapeutische Philosophie. Eine Einführung in ihre kultur- und ideengeschichtlichen Kontexte. In: Buer, F. (Hg.): *Morenos therapeutische Philosophie. Die Grundlagen von Psychodrama und Soziometrie.* Opladen, 1991[2], S. 9-42.

Buer, Ferdinand; Schmitz, Ulrich: Psychodrama und Psychoanalyse. In: Buer, F. (Hg.): *Morenos therapeutische Philosophie. Die Grundlagen von Psychodrama und Soziometrie.* Opladen, 1991[2].

Carter, Elizabeth A.; McGoldrick Orfanidis, Monica: Family Therapy with One Person and the Family Therapist's Own Family. In: Guerin, P.J.(Ed.): *Family Therapy - Theory and Practice.* New York, 1976, S. 193-219.

Chalmers, A.F.: *Wege der Wissenschaft.* Einführung in die Wissenschaftstheorie. Berlin, Heidelberg, 1994[3].

Cierpka, Manfred (Hg.): *Familiendiagnostik.* Berlin, 1987.

Cohn, Ruth C.: *Von der Psychoanalyse zur themenzentrierten Interaktion. Von der Behandlung einzelner zur Pädagogik für alle.* Stuttgart, 1988[8].

Conen, Marie-Luise: Systemische Familienrekonstruktion. *Z. syst. Therapie, 11* (1993)(2) 84-95.

de Shazer, Steve: Über nützliche Metaphern. *Z. syst. Ther., 1* (1983)(1) 21-30.

de Shazer, Steve: *Keys to Solution in Brief Therapy.* New York, 1985. Dt. Übs.: *Wege der erfolgreichen Kurztherapie.* Stuttgart, 1992[4].

de Shazer, Steve: Therapie als System. Entwurf einer Theorie. Reiter, L.; Brunner, J.; Reiter-Theil, (Hg.): *Von der Familientherapie zur systemischen Perspektive.* Heidelberg, 1988, S. 215-229.

Diels, Hermann: *Die Fragmente der Vorsokratiker.* Hamburg, 1957.

Dodson, Laura S.: Der Prozeß der Veränderung. In: Moskau, G.; Müller, G. F. (Hg.): *Virginia Satir. Wege zum Wachstum. Ein Handbuch für die therapeutische Arbeit mit Einzelnen, Paaren, Familien und Gruppen.* Paderborn, 1992, S. 13-38.

Dörner, D.; Kreuzig, H.W.; Reither, F.; Stäudel, T. (Hg.): *Lohhausen. Vom Umgang mit Unbestimmtheit und Komplexität.* Bern, 1983.

Duhl, Bunny S.: Skulptur - Äquivalenz in Aktion. In: Moskau, G.; Müller, G. F. (Hg.): *Virginia Satir. Wege zum Wachstum. Ein Handbuch für die therapeutische Arbeit mit Einzelnen, Paaren, Familien und Gruppen.* Paderborn, 1992, S. 121-138.

Duhl, Bunny; Duhl, Fred: Integrative Family Therapy. In: Gurman, A.; Kniskern, D. (Eds.): *Handbook of Family Therapy.* New York, 1981, pp. 483-513.

Duhl, Fred J.; Kantor, David; Duhl, Bunny: Learning, Space, and Action in Family Therapy: A Primer of Sculpture. In: Bloch, D. (Ed.): *Techniques of Family Psychotherapy.* New York. 1973.

Emlein, Günther: Die Balance von Geben und Nehmen. Zur Theorie und Praxis „kontextueller" Therapie. *Familiendynamik, 12* (1995) 3-14.

Erickson, Milton H.: Pseudo-orientation in time as a hypnotherapeutic procedure. *Journal of Clinical and Experimental Hypnosis, 2* (1954) 109-129.

Faller, Hermann; Frommer, Jörg (Hg.): *Qualitative Psychotherapieforschung. Grundlagen und Methoden.* Heidelberg, 1994.

Faller, Hermann: Das Forschungsprogramm „Qualitative Psychotherapieforschung". Versuch einer Standortbestimmung. In: Faller, H.; Frommer, J. (Hg.): *Qualitative Psychotherapieforschung. Grundlagen und Methoden.* Heidelberg, 1994, S. 15-37.

Forrester, J: Understanding the counterintuitive behaviour of social systems. In: Beishon, J.; Peters, G. (Eds.) *System behavior.* London, New York, 1972, pp. 200-217.

Fox, Jonathan: Einführung. In: Moreno, Jakob L.: *Psychodrama und Soziometrie. Essentielle Schriften.* Herausgegeben von Jonathan Fox. Köln, 1989, S. 17-27.

Frankl, Viktor E.: *Der Mensch vor der Frage nach dem Sinn. Eine Auswahl aus dem Gesamtwerk*. München, Zürich, 1979.

Frankl, Viktor E.: *Das Leiden am sinnlosen Leben. Psychotherapie für heute*. Freiburg, 1981.

Franzke, Erich: *Der Mensch und sein Gestaltungserleben. Psychotherapeutische Nutzung kreativer Arbeitsweisen*. Bern, 1977.

Freud, Sigmund: Bruchstück einer Hysterieanalyse. 1905. In: *Ges. Werke, V*, S. 1-126.

Freud, Sigmund: Über Psychoanalyse. 1909. In: *Ges. Werke, VIII*, S. 1-60.

Freud, Sigmund: Ratschläge für den Arzt bei der psychoanalytischen Behandlung. In: *Ges. Werke, VIII*, S. 375-387.

Freud, Sigmund: Die zukünftigen Chancen der psychoanalytischen Therapie. 1910a. In: *Ges. Werke, VIII*, S. 103-115.

Freud, Sigmund: Trauer und Melancholie. 1910b. In: *Ges. Werke, X*, S. 428-446.

Freud, Sigmund: Erinnern, Wiederholen, Durcharbeiten. 1914. In: *Ges. Werke, X*, S. 126-136.

Freud, Sigmund: „Psychoanalyse" und „Libidotheorie". 1923a. *Ges. Werke, XIII*, S. 211-233.

Freud, Sigmund: Das Ich und das Es. 1923b. In: *Ges. Werke, XIII*, S. 235-289.

Freud, Sigmund: Die Zerlegung der psychischen Persönlichkeit. 1932a. In: *Ges. Werke, XV. Neue Folge der Vorlesungen zur Einführung in die Psychoanalyse*. S. 62-86.

Freud, Sigmund: Angst und Triebleben. 1932b. In: *Ges. Werke, XV: Neue Folge der Vorlesungen zur Einführung in die Psychoanalyse*. S. 87-118.

Friczewski, Franz: Ganzheitlich-qualitative Methoden in der Streßforschung. In: Jüttemann, G. (Hg.): *Qualitative Forschung in der Psychologie. Grundfragen, Verfahrensweisen, Anwendungsfelder*. Weinheim, Basel, 1985.

Geisler, Friedel: Judentum und Psychodrama. In: Buer, F. (Hg.): *Morenos therapeutische Philosophie. Die Grundlagen von Psychodrama und Soziometrie*. Opladen, 1991^2, S. 45-68.

von Glasersfeld, Ernst: Über Theorien, ihre Kompatibilität und ihre Falsifizierbarkeit. 1982. Siegener Gespräche über den Radikalen Konstruktivismus. In: Schmidt, S.J. (Hg.): *Der Diskurs des Radikalen Konstruktivismus.* Frankfurt am Main, 1987, S. 401-440.

Goolishian, Harold A.; Anderson, Harlene: Menschliche Systeme. Vor welche Probleme sie uns stellen und wie wir mit ihnen arbeiten. In: Reiter, L.; Brunner, J.; Reiter-Theil, S. (Hg.): *Von der Familientherapie zur systemischen Perspektive.* Heidelberg, 1988, S. 189-216.

Grawe, Klaus (1988): Zurück zur psychotherapeutischen Einzelfallforschung. *Z. f. Klin. Psychologie, 17* (1988)(1) 1-7.

Guerin, Philip J.(Ed.): *Family Therapy - Theory and Practice.* New York, 1976.

Haley, Jay: Ansätze zu einer Theorie Pathologischer Systeme. In: Watzlawick, P.; Weakland, J. (Hg.): *Interaktion. Menschliche Probleme und Familientherapie.* München, 1990, S. 61-84.

Haley, Jay: *Advanced Techniques of Hypnosis and Therapy: Selected Papers of Milton H. Erickson.* New York, 1967.

Hegel, Georg W. F.: *Enzyklopädie der philosophischen Wissenschaften im Grundriß.* 1830. Erster Teil. Hamburg, 1969.

Heisenberg, Werner: Naturwissenschaftliche und religiöse Wahrheit. Rede, gehalten vor der Kath. Akademie in Bayern bei der Entgegennahme des Guardini-Preises am 23.3.1973. In: ders.: *Schritte über Grenzen. Gesammelte Reden und Aufsätze.* München, 1984^5, S. 299-315.

Hellinger, Bert: *Finden, was wirkt.* München, 1993a.

Hellinger, Bert: Was in der Schicksalsgemeinschaft von Familie und Sippe zu Krankheiten führt und zu Selbstmord und Tod und was vielleicht das Schicksal wendet. *Jahrbuch für Psychoonkologie,* Wien u.a. 1993b, S. 109-120.

Hellinger, Bert: *Ordnungen der Liebe. Ein Kurs-Buch.* Heidelberg, 1994.

Hellinger, Bert: *Familien-Stellen mit Kranken. Begleitbuch zur 10-stündigen Live-Video-Edition von einem Kurs für Kranke, begleitende Psychotherapeuten und Ärzte.* Heidelberg, 1995.

Husserl, Edmund: Philosophie als strenge Wissenschaft. In: *Logos.* 1910/1911. Frankfurt a.M., 1965, 1981.

Jefferson, Carter: Some Notes on the Use of Family Sculpture in Therapy. *Fam. Proc.,17* (1978) 69-76.

Joraschky, Peter; Cierpka, Manfred: Zur Diagnostik der Grenzenstörungen. In: Cierpka, M. (Hg.): *Familiendiagnostik.* Berlin, 1987, S. 112-130.

Jüttemann, Gerd (Hg.): *Qualitative Forschung in der Psychologie. Grundfragen, Verfahrensweisen, Anwendungsfelder.* Weinheim, Basel, 1985.

Kaufmann, Rudolf A.: *Die Familienrekonstruktion. Verfahren, Materialien, Modelle.* Heidelberg, 1990.

Kleining, G.: Umriß zu einer Methodologie qualitativer Sozialforschung. In: *Kölner Zeitschrift für Soziologie und Sozialpsychologie,* 1982 (2) 224ff.

Köckeis-Stangl, E.: Methoden der Sozialisationsforschung. In: Hurrelmann, K; Ulrich, D. (Hg.): *Handbuch der Sozialisationsforschung.* Weinheim, 1980, S. 321-370.

Kroschel, Evelin: *Was passiert in einer Psychotherapie? Prozeßanalyse von zwei Sitzungen aus einer erfolgreich abgeschlossenen Gestalttherapie.* Frankfurt a. M., 1992.

Krüll, Marianne; Luhmann, Niklas; Maturana Humberto: Grundkonzepte der Theorie autopoietischer Systeme. Neun Fragen an Niklas Luhmann und Humberto Maturana. *Z. syst. Ther.,* 5 (1987)(1) 4-25.

Lalande, A.: *Vocabulaire technique et critique de la philosophie.* Paris, 1951.

Laplanche, Jean; Pontalis, J.-B.: *Vocabulaire de la Psychoanalyse.* Paris, 1967. Dt. Übs.: *Das Vokabular der Psychoanalyse.* Frankfurt a. M., 1989[9].

Leutz, Grete; Oberborbeck, Klaus (Hg.): *Psychodrama.* Göttingen, 1980.

Leutz, Grete: P*sychodrama. Theorie und Praxis. Das klassische Psychodrama nach J.L. Moreno.* Berlin, Heidelberg, New York, 1974.

Lewin, Kurt: Wissenschaftstheorie. 1912. In: Graumann, C.-F. (Hg.): *Kurt-Lewin-Werkausgabe. Bd. I. Wissenschaftstheorie I.* (Hg.): A. Métraux. Bern, 1981.

Linz, Norbert: Nach-Fragen an einen Freund. Interview mit Bert Hellinger. In: Hellinger, B.: *Ordnungen der Liebe. Ein Kurs-Buch.* Heidelberg, 1994, S. 498-523.

Lipps, Theodor: Das Wissen von fremden Ichen. In: ders. (Hg.): *Psychologische Untersuchungen* I. Band, 4. Heft. Leipzig, 1907. S. 694-722.

Ludewig, Kurt: *Systemische Therapie. Grundlagen klinischer Theorie und Praxis.* Stuttgart, 1992.

Madelung, Eva: *Kurztherapien. Neue Wege zur Lebensgestaltung.* München, 1996

Marc, Edmond; Picard, Dominique: *Bateson, Watzlawick und die Schule von Palo Alto.* Frankfurt a. M., 1991.

Massing, Almuth; Reich, Günter; Sperling, Eckhard: *Die Mehrgenerationen-Familientherapie.* Göttingen, Zürich, 1994.

Maturana, Humberto: Reflexionen über die Liebe. *Z. syst. Ther.,* 3(1985)(3)129-131.

Mayring, Philipp: *Qualitative Inhaltsanalyse. Grundlagen und Techniken.* Weinheim, 1983.

Mayring, Philipp: Qualitative Inhaltsanalyse. In: Jüttemann, Gerd (Hg.): *Qualitative Forschung in der Psychologie. Grundfragen, Verfahrensweisen, Anwendungsfelder.* Weinheim, Basel, 1985.

McCulloch, Warren S.: *Embodiments of Mind.* Cambridge, 1965.

Moreno, Jakob L.: Spontaneität und Katharsis. 1940a. In: ders. 1989, S. 77-102.

Moreno, Jakob L.: Die psychodramatische Behandlung von Eheproblemen. 1940b. In: ders. 1989, S. 131-152.

Moreno, Jakob L.: Gruppenpsychotherapie. 1945. In: ders. 1989, S. 69-74.

Moreno, Jakob L.: Psychodrama und Soziodrama. 1946. In: ders. 1989, S. 45-51.

Moreno, Jakob L.: Psychodramatische Produktionsverfahren. 1952. In: ders. 1989, S. 189-222.

Moreno, Jakob L.: *Who shall survive? Foundations of Sociometry, Group Psychotherapy and Sociodrama.* Beacon, N.Y., 1953. Dt. Übs.: *Die Grundlagen der Soziometrie.* Köln, Opladen, 1954.

Moreno, Jakob L.: *Gruppenpsychotherapie und Psychodrama. Einleitung in die Theorie und Praxis.* Stuttgart, 1959.

Moreno, Jakob L.: Morenos philosophisches System. 1966. In: ders. 1989, S. 31-44.

Moreno, Jakob L.: *Die Grundlagen der Soziometrie.* Köln, 1967.

Moreno, Jakob L.: *Psychodrama und Soziometrie. Essentielle Schriften.* Herausgegeben von Jonathan Fox. Köln, 1989.

Moritz, Karl Philipp: *Anton Reiser. Ein psychologischer Roman.* 1785-1790. Frankfurt am Main, 1979.

Moser, Tilmann: Psychoanalyse und Holocaust. Die Kinder der Opfer und Täter. *Süddeutsche Zeitung,* 11.7.1995.

Moskau, Gaby; Müller, Gerd F. (Hg.): *Virginia Satir. Wege zum Wachstum. Ein Handbuch für die therapeutische Arbeit mit Einzelnen, Paaren, Familien und Gruppen.* Paderborn, 1992.

Müller, Gerd F.: Thema mit Variationen: Struktur und Prozeß der Skulpturtechnik. In: Moskau, G.; Müller, G. F. (Hg.): *Virginia Satir. Wege zum Wachstum. Ein Handbuch für die therapeutische Arbeit mit Einzelnen, Paaren, Familien und Gruppen.* Paderborn, 1992, S. 139-162.

Müssig, Ricarda: *Familien - Selbst - Bilder. Gestaltende Verfahren in der Paar- und Familientherapie.* München, Basel, 1991.

Nerin, William F.: *Familienrekonstruktion in Aktion. Virginia Satirs Methode in der Praxis.* Paderborn, 1989.

Ornstein, Robert E.: *The Psychology of Consciousness.* San Francisco, 1972. Dt. Übs.: *Die Psychologie des Bewußtseins.* Köln, 1974.

Papp, Peggy: Family Choreography. In: Guerin, P. (Ed.): *Family Therapy - Theory and Practice.* New York, 1976, pp. 465-479.

Papp, Peggy; Silverstein, Olga; Carter, Elizabeth: Family Sculpting in Preventive Work with "Well families". *Fam. Proc., 12* (1973) 197-212.

Prekok, Jirina: *Hättest du mich festgehalten...* Grundlagen und Anwendung der Festhalte-Therapie. München, 1991[4].

Reiter, Ludwig; Brunner, Johannes; Reiter-Theil, Stella (Hg.): *Von der Familientherapie zur systemischen Perspektive.* Heidelberg, 1988.

Reiter-Theil, Stella: *Autonomie und Gerechtigkeit. Das Beispiel der Familientherapie für eine therapeutische Ethik.* Heidelberg, 1988.

Reiter-Theil, Stella: Therapie und Ethik in systemischer Perspektive. Zur Entwicklung eines allgemeinen Orientierungsrahmens. In: Reiter, L.; Brunner, J.; Reiter-

Theil, S. (Hg.): *Von der Familientherapie zur systemischen Perspektive.* Heidelberg, 1988, S. 21-40.

Revenstorf, Dirk (Hg.): *Klinische Hypnose.* Berlin, 1990.

Ritscher, Wolf: Familienrekonstruktion in Ausbildungs- und Supervisionsgruppen. *Kontext, 15* (1988) 71-92.

Ritsert, Jürgen: *Inhaltsanalyse und Ideologiekritik. Ein Versuch über kritische Sozialforschung.* Frankfurt, 1972.

Rückerl, Thomas: *NLP in Stichworten. Ein Überblick für Einsteiger und Fortgeschrittene.* Paderborn, 1994.

Sartre, Jean Paul: *Der Idiot der Familie. Die Lebensgeschichte des Gustave Flaubert.* Reinbek, 1977.

Satir, Virginia: *Conjoint Family Therapy.* Palo Alto, 1967. Dt. Übs.: *Familienbehandlung. Kommunikation und Beziehung in Theorie, Erleben und Therapie.* Freiburg, 1988[7].

Satir, Virginia: *Peoplemaking.* Palo Alto, 1972. Dt. Übs.: *Selbstwert und Kommunikation. Familientherapie für Berater und zur Selbsthilfe.* München, 1993[11].

Satir, Virginia: Die psychotherapeutische Reise hinter das Sichtbare. In: Zeig, J. (Hg.): *Psychotherapie. Entwicklungslinien und Geschichte.* Tübingen, 1991.

Satir, Virginia; Baldwin, Michele: *Familientherapie in Aktion. Die Konzepte von Virginia Satir in Theorie und Praxis.* Paderborn, 1988.

Satir, Virginia; Bammen, John; Gerber, Jane; Gomori, Maria; *Das Satir-Modell. Familientherapie und ihre Erweiterung.* Paderborn, 1995.

Schiller, Friedrich: Die Schaubühne als eine moralische Anstalt betrachtet. 1784. In: *Schillers Werke.* Hg. von Chr. Christiansen. Hamburg, ohne Jahresangabe. S. 7-19.

von Schlippe, Arist: *Familientherapie im Überblick. Basiskonzepte, Formen, Anwendungsmöglichkeiten.* Paderborn, 1984.

von Schlippe, Arist; Schweitzer, Jochen: Lehrbuch der systemischen Therapie und Beratung. Göttingen, 1996.

Schweitzer, Jochen; Weber, Gunthard: Beziehung als Metapher: Die Familienskulptur als diagnostische, therapeutische und Ausbildungstechnik. *Familiendynamik, 2* (1982) 113-128.

Simon, Fritz B.: *Unterschiede, die Unterschiede machen. Klinische Epistemologie: Grundlage einer systemischen Psychiatrie und Psychosomatik.* Frankfurt a. M., 1993.

Simon, Fritz B.; Retzer, Arnold: Das Hellinger-Phänomen. *Psychologie heute,* (1995)(6) 28-31.

Simon, Fritz B.; Stierlin Helm: *Die Sprache der Familientherapie. Ein Vokabular. Überblick, Kritik und Integration systemtherapeutischer Begriffe, Konzepte und Methoden.* Stuttgart, 1984.

Simon, Robert: Sculpting the Family. *Fam. Proc.,11* (1972) 49-57.

Sparrer, Insa: *Modifikationen der Grundprinzipien der systemischen Familienaufstellungen beim Übergang zu systemischen Strukturaufstellungen.* Vortrag beim 2. Europäischen Kongreß für Hypnose und Psychotherapie nach Milton H. Erickson. 3.-7. Oktober 1995 in München. (Erscheint im Kongreßband.)

Sparrer, Insa; Varga von Kibéd, Matthias: Körperliche Selbstwahrnehmung bei systemischer Strukturaufstellung. In: Milz, H.; Varga von Kibéd, M. (Hg.): *Körper, Kontexte, Konstruktionen.* Heidelberg. (Erscheint voraussichtlich 1996.)

Stahl, Thies: Reframing. In: Moskau, G.; Müller, G. F. (Hg.): *Virginia Satir. Wege zum Wachstum. Ein Handbuch für die therapeutische Arbeit mit Einzelnen, Paaren, Familien und Gruppen.* Paderborn, 1992, S. 183-190.

Stahl, Thies: Vorwort. In: Bandler, Richard; Grinder, John: *Reframing. Ein ökologischer Ansatz in der Psychotherapie (NLP).* Paderborn, 1985, S. 7-12.

Stcherbatsky, F.: *Buddhist Logic.* New York, 1962.

Steffens, Wolfgang: Der psychodynamische Befund. In: Cierpka, M. (Hg.): *Familiendiagnostik.* Berlin, 1987, S. 68-86.

Stegmüller, Wolfgang: *Probleme und Resultate der Wissenschaftstheorie und Analytischen Philosophie. Bd. II: Theorie und Erfahrung.* Berlin, 1970.

Steiner, Claude M.: *Scripts People live.* New York, 1974. Dt. Übs.: *Wie man Lebenspläne verändert.* Paderborn, 1982. 1989[7].

Stierlin, Helm: *Von der Psychoanalyse zur Familientherapie: Theorie/Klinik.* Stuttgart, 1975.

Toman, Walter: *Family Constellation.* New York, 1961. Dt. Übs.: *Familienkonstellation. Ihr Einfluß auf den Menschen.* München, 1991[5].

Tress, Wolfgang: Forschung zu psychogenen Erkrankungen zwischen klinischhermeneutischer und gesetzeswissenschaftlicher Empirie: Sozialempirische Marker als Vermittler. 1988. In: Faller, H.; Frommer, J. (Hg.): *Qualitative Psychotherapieforschung. Grundlagen und Methoden.* Heidelberg, 1994, S. 38-52.

Van Heusden, Ammy; van den Eerenbeemt, ElseMarie: *Balance in Motion. Ivan Boszormenyi-Nagy and His Vision of Individual and Family Therapy.* New York, 1987. (Niederl. Erstausgabe 1983)

Varga von Kibéd, Matthias: *Die Rolle von Konstruktion und Entdeckung in der systemischen Aufstellungsarbeit und der implizite Wandel in den anthropologischen Grundannahmen.* Vortrag beim 2. Europäischen Kongreß für Hypnose und Psychotherapie nach Milton H. Erickson. 3.-7. Oktober 1995 in München. (Erscheint im Kongreßband.)

Was in Familien krank macht und heilt. Unveröffentlichtes Videotranskript. Seminar vom 25.-27. November 1994 mit Bert Hellinger. München.

Watzlawick, Paul: *Die Möglichkeit des Andersseins. Zur Technik der therapeutischen Kommunikation.* Bern, Stuttgart, Toronto, 1977, 1991[4].

Watzlawick, Paul (Hg.): *Die erfundene Wirklichkeit. Wie wissen wir, was wir zu wissen glauben? Beiträge zum Konstruktivismus.* München, 1981.

Watzlawick, Paul; Beavin, Janet H.; Jackson, Don D.: *Pragmatics of Human Communication.* New York, 1967. Dt. Übs.: *Menschliche Kommunikation.* Bern, Stuttgart, Wien, 1969, 1990[8].

Watzlawick, Paul; Weakland, John (Eds.): *The Interactional View. Studies at the Mental Research Institute, Palo Alto, 1965 - 1974.* New York, 1977. Dt. Übs.: *Interaktion. Menschliche Probleme und Familientherapie.* München, 1980, 1990.

Watzlawick, Paul; Weakland, John H. ; Fisch, Richard: *Change. Principles of Problem Formation and Problem Resolution.* New York, 1974. Dt. Übs.: *Lösungen. Zur Theorie und Praxis menschlichen Handelns.* Bern, 1992[5].

Weber, Gunthard (Hg.): *Zweierlei Glück. Die systemische Psychotherapie Bert Hellingers.* Heidelberg, 1993.

Weber, Gunthard; Simon, Fritz B.: Systemische Einzeltherapie. Z. system. Ther., 5 (1987)(3) 192-206.

Weiss, Thomas; Haertel-Weiss, Gabriele: *Familientherapie ohne Familie. Kurztherapie mit Einzelpatienten.* München, 1988.

„Wenn man den Eltern Ehre erweist, kommt etwas tief in der Seele in Ordnung." Ein Gespräch (von Marianne Krüll und Ursula Nuber) mit Bert Hellinger über den Einfluß der Familie auf die Gesundheit und Werte und Ziele seiner umstrittenen Therapie. *Psychologie heute,* 1995(6) 22-26.

Whitaker, Carl A.; Keith, David V.: Symbolic-Experiental Family Therapy. In: Gurman, A.; Kniskern, D. (Eds.): *Handbook of Family Therapy.* New York, 1981, pp. 187-225.

Willke, Helmut: Systemtheoretische Grundlagen des therapeutischen Eingriffs in autonome Systeme. In: Reiter, L.; Brunner, J.; Reiter-Theil, S. (Hg.): *Von der Familientherapie zur systemischen Perspektive.* Heidelberg, 1988, S. 41-50.

Oliver König (Hrsg.)

GRUPPENDYNAMIK

Geschichte Theorien Methoden
Anwendungen Ausbildung

Mit Beiträgen von
Klaus Antons, Alf Däumling, Klaus Doppler, Brigitte Dorst,
Cornelia Edding, Jörg Fengler, Karlheinz A. Geißler,
Oliver König, Roswita Königswieser, Lothar Nellessen, Jürgen
Pelikan, Wolfgang Rechtien, Karl Schattenhofer, Bert Voigt

2. Auflage 1997, 320 S.

Die angewandte Gruppendynamik hat sich seit ihren Anfängen in den 60er und 70ern Jahren kontinuierlich weiterentwickelt, indem sie einerseits eine Vielzahl von Anregungen von anderen verwandten Methoden u.a. aus der Psychologie, der Sozialpsychologie, der Psychotherapie und der Organisationsforschung aufgenommen hat, anderseits ihre Arbeit gleichfalls in eine Vielzahl von Arbeitsfeldern ausgedehnt hat.
Heute finden sich gruppendynamische bzw. daran anschließende systemische Arbeitsansätze in der Aus- und Weiterbildung, in der Sozialarbeit, der Arbeit im kirchlichen Bereich, in Therapie, Supervision und Erwachsenenbildung, ebenso wie in der Personalentwicklung und im Training von Führungskräften im Profit- wie im Non-Profitbereich, sowie in der Organisationsentwicklung.
In diesem Buch wird in 18 Aufsätzen der Stand der Entwicklung der angewandten Gruppendynamik unter historischen, theoretischen, methodisch-anwendungsbezogenen und praxiskritischen Aspekten dargestellt.

PROFIL LEHRBÜCHER